ちくま文庫

独学のすすめ

加藤秀俊

筑摩書房

目次

I

本文イラストレーション　和田　誠

独学のすすめ

I

独学のすすめ

一

ジェイン・ヴァン・ラヴィック・グドール（Jane van Lawick-Goodall）は、ごくあたりまえの、ひとりのイギリス娘としてイングランド南部の小さな町で育った。ただひとつ、他の娘たちとちがったところがあるとすれば、一歳の誕生日をむかえて間もなく、母親からあたえられた縫いぐるみのチンパンジーのおもちゃがたいへん気に入って、それを肌身はなさず持ちあるいていたことぐらいだろうが、幼い子どもが縫いぐるみのおもちゃをだいじにする、などというのは、これまた、あたりまえのことであった。

しかし、このチンパンジーのおもちゃが、どうやら彼女の人生を決定したようなのである。彼女は、よちよち歩きができるようになると、身のまわりのいろんな動物に興味をしめしはじめた。あるときは、近所の鶏小舎でニワトリがタマゴを産むのを熱心に観察しているうち、あっという間に数時間が経ってしまい、彼女の母親が、ジェインが行方不明になった、というので警察に電話をかけたりするほどの大さわぎをひきおこしたこともあった。だが、動物好き、というのもけっして異常ではない。カエルだの、昆虫だの、いろんな動物にすっかり魅了されてしまう子どもはすくなくないし、げんに、わたしたちだって、幼いときには多かれすくなかれ、それに似た経験をもっている。ジェインは、したがって、あたりまえの少女であった。

そして、あたりまえの少女にふさわしく、ジェインは十八歳で高校を修了するとそのままロンドンに出て秘書として就職し、タイプを打ったり、手紙の整理をしたり、という、あたりまえのＯＬになった。要するに彼女は、ロンドンの街に何十万といる、平均的な女性のひとりだったのである。

そんなふうに、オフィスに通勤する生活がつづいたある日、彼女のところに一通の手紙が舞いこんだ。封筒の消印はアフリカのケニアである。差出人は、学校時代のジェインの友達。ひらいてみると、その友人の両親はケニアで農場を経営しており、よかったらあそびにこないか、という招待であった。若い女性は、どこの国でも海外旅行にあこがれる。ジェインも、その例外ではなかった。行ってみよう、と決心した。そして、それと同時に、幼いころの夢がよみがえった。あの縫いぐるみのおもちゃを抱いていたとき、彼女はいろんな動物のたくさんいるアフリカに行ってみたい、という夢をもっていた。いまこそほんとうに行けるのだわ——ジェインの心はときめいた。

しかし、それにしても、アフリカに行くためにはお金が必要だ。秘書の給料はそんなに多くないし、なにしろロンドンという大都会で暮らしていたら、貯金なんか、できたものではない。彼女は決心して会社をやめた。やめて故郷の小さな町に戻り、そこの食堂のウェイトレスになった。自宅から通勤していればあんまりお金はかからない。それに、ウェイトレスのチップ収入というのは、案外、馬鹿にならない。しばらく働いたら、アフリカまでの旅費ができた。ジェインは飛行機の切符を手に入れ、アフリカに飛んだ。

ケニアに着いてひと月ほどは友人の家に泊ったが、あんまりながいあいだ世話になるわけにもゆかない。ジェインは、就職口をさがした。そんなある日、彼女の動物好きを知った友人が、いちどリーキー博士を訪ねてみたらどうかしら、きっとおもしろいわよ、とささやいた。リーキー博士は、いうまでもなくアフリカにおける霊長類研究の最高権威であり、ナイロビ自然博物館の研究主任であった。訪ねて話をしているうちにリーキー博士は、ジェインの動物にたいする興味が本格的であることを見抜き、どうだね、ここで秘書をやってみないかね、といった。渡りに船、とはこのことであろう。ジェインは、博物館の秘書になった。

二

秘書のしごとというのは、かんがえようによっては、きわめて単調である。要するに、それは縁の下の力もちで、目立たない。だが、その気になりさえすれば、取扱っている書類をつうじていくらでも勉強ができる。ジェインは、そんなふうにして動物学と考古学を学びはじめた。

リーキー博士は、人類の起源をたずねて古い霊長類の化石をあつめている。そのために何回も探検旅行に出かけた。ジェインも、そういう探検チームにいれてもらえるようになった。昼のあいだは、汗だくになって発掘がつづくが、夕陽がアフリカの巨大な地平線にかたむくころになると、あとは自由時間である。ジェインは探検隊の仲間とキャンプ地ちかくの草原や茂みを歩いた。キリンだのゼブラだの、冒険映画でしか見たことのなかった動物たちが、いま彼女の目の前にいた。草むらにちょっと深入りして、気がつくとわずか二十メートルほどのところにライオンがいて、彼女のほうをじっと見つめている、といったような、心臓の凍る経験もした。彼女は、こんな探検をかさねながら、動物たちとしたしくなった。

博物館の学者たちは、学問の話にしか熱中しない。ジェインは、かれらの話に耳をかたむけ、わからないことは質問した。たくさんのことを教えられた。そして、さまざまな動物について多くの研究がすすめられていることを知ったが、同時に、まだ未開拓の分野がたくさんのこっていることも知った。そして、野生のチンパンジーの生活については、あんまり研究がないことを教えられた。ジェインは、幼いころに持ちあるいた縫

いぐるみのチンパンジーを思い出した。いや、その縫いぐるみは、彼女にとってはかけがえのないマスコットであり、ナイロビの宿舎にまで、ちゃんと彼女とともに来ていたのである。

チンパンジーを勉強するわ——彼女は決心した。リーキー博士は、ジェインに、やってみるかね、といった。野生チンパンジーの観察研究の先駆的研究はH・ニッセン教授の手によっておこなわれていたが、同教授は、二か月ほどしか現地調査の時間をもっていなかった。リーキー博士は、やっぱり、二年は辛抱しなくちゃ、どうだね、できるかい、とたずねた。やってみましょう——ジェインはそういった。

彼女は秘書のしごとから研究部門に移った。そして、タンガニーカ湖畔の密林のなかでテントを張って研究をはじめた。チンパンジーは、すばしこい。ときどき姿を見かけるが、すぐに行ってしまう。しかし、時がたつにつれて、チンパンジーたちのほうがジェインをあんまり気にしないようになった。じっとうごかないで彼女はチンパンジーたちの警戒心を解くことに成功したのである。

いったん、警戒心が解ければ、あとは楽であった。チンパンジーはジェインが近よっても、逃げたり、歯をむき出したりしないようになった。ジェインは至近距離でかれらの生活をきっちりと記録した。仲良くなってみると、チンパンジーはたのしい仲間であった。かれらはジェインのそばにきて、彼女にさわったりしはじめた。彼女が歩くと、いっしょについてくるようにもなった。野生のチンパンジーのなかにはいって、チンパンジーと共同生活をすることのできた人間は、あとにもさきにも、このジェイン・ヴァン・ラヴィック・グドールのほか、ひとりもいない。

彼女は、そのジャングルのなかでのチンパンジーとの生活記録を一冊の書物にまとめあげた。邦訳『森の隣人』(平凡社)がそれである。一九七一年に出版されてから、驚異の記録として絶讃を浴び、欧米ではつぎつぎに版をかさねてきている。そして、この本は、いま多くの大学の教科書にもえらばれるようになった。げんに、わたしのもっている本も、アメリカの大学の教科書売場で見つけてきたものだ。幼いころにあたえられた一匹のチンパンジーの縫いぐるみからはじまるジェインの動物研究は、いま、世界の学界に衝撃をあたえるほどの重要な業績として結実したのである。

三

わたしは、この本を読んで感動した。わたしは、チンパンジー研究について、多くのことを知らない。わたしは、ひとりのアマチュア読者であるにすぎぬ。しかし、ジェインとチンパンジーとのあいだの友情と共感は、すばらしい迫力をもっている。これは数すくない第一級のドキュメンタリーだ。

しかし、この本の内容もさることながら、わたしがもっとも感動したのは、この本の著者であるひとりの女性、すなわちジェインの生きかたなのである。以上に紹介したように、彼女は、動物学者としての経歴をもっていない。大学を卒業してさえいない。もし、彼女のがわにつよい学問的関心がなく、そしてアフリカ旅行の決心がなかったなら、彼女は、いまもなお、ロンドンの地下鉄にのってオフィスに通勤しつづける平凡なＯＬのひとりであったにちがいないのである。

ごく一般的にいって、学問の業績というのは、学歴だの学位だのをその背景にしている。いい大学で教育をうけ、研究をつづけ、その結果として業績があがる。いや、そんなふうに努力しても、ほんとうに独創的なしごとをのこす学者はすくない。ところが、ジェインは、動物の好きな、高校卒の娘であるにすぎなかった。もちろん、リーキー博士とのめぐりあいがジェインにとっての決定的な幸運であったことは否定できない。だが、リーキー博士を注目させるに足るだけのなにものかがジェインのなかにあったからこそ、彼女はその幸運をつかむことができたのだ、とわたしは思う。

要するに、ひとことでいえば、彼女のチンパンジーに関する世界的な業績は、彼女じしんの努力のたまものであり、彼女は「独学」によってその栄光をかちとったのである。じじつ、ジェインがこの一冊の本を書きあげるためにどれだけきびしい勉強をしなければならなかったか、は、ことばでは言いあらわせないだろう。チンパンジーとともに森で暮らす、といっても、それと並行して、この分野で発行されたたくさんの本や学術論文を読まなければならなかった。ついこのあいだまで、ひとりの平凡な女子事務員であった彼女は、それをぜんぶ「独学」でこなしたのである。

学問をするためには、学校に行かなければならない、というのはひとつの常識である。だが、ジェインの本を読みながら、わたしはこの「常識」は、ひょっとすると、とんでもないまちがいなのではあるまいか、と思った。なるほど、学校というのは、いろんなことを勉強するのに便利なようにできあがっている。先生たちがいるし、教室がある。図書館もあるし、学力をためすためのテストもある。しかし、学校というのは勉強のための場のひとつであるにすぎない。ほんとうに勉強しようとする人間は、「独学」でちゃんとやってゆける。

日本でも、博物学者の南方熊楠《みなかたくまぐす》などは、「独学」によっておどろくべき活動をした学者であった。慶応三年和歌山に生まれた南方は十八歳で上京して大学予備門に入ったが、二年在学しただけで退学。こんにちでいえばドロップ・アウトである。そして退学して間もなく、アメリカに渡って実業学校、農業学校などをのぞいてみるが、いっこうにおもしろくなかったらしく、ひとりでアメリカの原野で動植物の採集をしながら放浪をつづけ、西インド諸島に渡り、さらにイギリスに行って天文学の論文を自然科学雑誌に投稿し、のち大英博物館に就職して日本関係の資料の整理にあたる。そして、そういう世界的放浪のあいだにすさまじい読書力と記憶力で、ありとあらゆることを頭のなかにつめこんだ。南方の著作は、数年まえ全集として刊行されたが、博覧強記とはこういうことか、とびっくりさせられる著作をたくさんのこしている。

いや、じっさい、南方のような天才にとって、学校などというものは、そもそもバカバカしかったのかもしれぬ。かれは学校に行くかわりに、じぶんで植物をあつめたり、俗信を研究したり、キノコについて論文を書いたり、外国語をマスターしたり（かれは、十八か国語をこなした）、そしてさらに、それらの雑多な主題についてぼう大な量の論文を書いたり、という人生をえらんだのである。かれは、一生、大学に就職しなかったし、いったん日本に帰国して以後は外国から招かれても首を横に振った。かれは、すくなからず常軌を逸したところがあり、世俗的にはめぐまれなかった。しかし、わたしは、南方こそ日本の近代が生んだもっとも偉大な独学者だと思う。そして、かれの博学と研究のまえには、たいていの学者がカブトを脱がざるをえないだろうと思う。

南方だの、ジェイン・ヴァン・ラヴィック・グドールだのというのは、「独学」で勉強をした人物として例外的、というべきなのかもしれないけれど、よくしらべてみると、これまで東西の大学者、思想家と呼ばれる人たちのすくなからぬ部分が、学校教育をうけることなく、独学で勉強していたことがわかる。いや、学校に入らなければ学問はできない、などという思想は、ついこのあいだ出来たばかりの新興思想にすぎないのであって、人間の知識の歴史のうえでは、「独学」こそが唯一の学問の方法であったのではないか。だいいち、学校などというものが、こんなにいっぱいできたのはここ二、三十年の新世相だったのである。人間が、なにかを学ぼうとするとき、たよりになるのはじぶんじしん以外にはなにもないのがふつうなので、「独学」以外に学問の正道はなかった。

四

ことわっておくが、わたしは学校というものにケチをつけているわけではない。いろいろ問題はあるけれども、学問をするために学校というのは便利な施設である。そのことに疑う余地はない。行けるものなら学校に行ったほうがいいだろう。なにも、ひねくれるにはおよばない。

しかし、学校に行けないから、あるいは行かなかったから勉強ができない、あるいはできなかった、という人がいるとしたら、それはまちがいだ。勉強というものは、ひとりでもちゃんとできるようになっているのである。

とりわけ、こんにちのような情報のゆたかな社会では、その気になりさえすれば、どんなことがらについてでも、いくらでも勉強ができる。たとえば、教育テレビにチャンネルをあわせてテレビをみてみよう。物理、化学、数学、歴史、語学……たいていの基本学科のきちんとしたカリキュラムが組まれている。すくなくとも、現在の高校から大学教養課程くらいの水準の学習はテレビをつうじて可能になっているのだ。わたしも何年かまえ、教育テレビでじぶんの不得意だった学科の復習をしたことがあった。日本の教育テレビは、ざっと見わたしてみても、世界の最高水準に達しており、じゅうぶんたよりになる。

書物だって、ふんだんにある。ベスト・セラーの小説を読むのもよいが、もしも、たとえばラテン・アメリカの文化について、動物の習性について、日本の俗信について、栄養学について、現代の経済理論について、あるいは内燃機関について、といった雑多な主題について、なにかを知りたいと思ったら書店に行って、それぞれの専門書の棚をさがしてみたらよい。「専門書」というのは、べつだん専門家たちの独占する書物ということではけっしてない。それは、われわれアマチュアに公開されているのである。買ってきて読めばよろしい。値段が高くて買えないのなら、図書館に行けばよいだろう。

じっさい、「専門」と名がつくと、たいそうなことにきこえるけれど、その実情をいうと、たいしたことはないのである。もちろん、それぞれの「専門」の最高権威ということになると、それは本格的にプロだから太刀打ちはできないけれど、そのへんでブラブラしている大学生ふぜいの「専門」知識などというのはたいしたものではない。完全なシロウトが、まず、半年のあいだ頑張って「専門書」をつうじて独学すれば、平均的大学生をかなり上まわるところまで学問はすすむ。「専門」などというのは、しばしばコケおどしであるにすぎず、熱心なアマチュアの独学にはおおむね、かなわないのである。はじめに、ながながと紙数をついやしてチンパンジー研究に挑んだイギリスの女性の実例を紹介したのは、まさしくそのことを証明するためにほかならなかった。世界には、チンパンジーを「専門」にしている人がたくさんいる。そしてその大部分は、動物学を専攻した人たちだ。しかし、ジェインは、彼女じしんの力による独学で、専門家にひけをとらない学問的業績をあげたのであった。

じっさい、かんがえようによっては、学校というものは、「独学」では勉強することのできない人たちを収容する場所なのだ、といえないこともあるまい。一般的には、学校に行けないいから、やむをえず独学で勉強するのだ、というふうにかんがえられているが、わたしのみるところでは、話はしばしば逆なのである。すなわち、独学できっちりと学問のできない人間が、やむをえず、学校に行って教育をうけているのだ。学校は、いわば脱落者救済施設のようなもので、独学で立ってゆけるだけのつよい精神をもっている人間は、ほんとうは学校に行かなくたって、ちゃんとやってゆけるものなのである。

このことは、現代日本の母親たちに、いちどかんがえていただきたい問題でもある。日本の多くの母親たちにとって、「教育」とは、しょせん子どもたちの問題である。どうやったら、いい学校に子どもをいれることができるか——母親にとっての「教育問題」はそれにつきている。わたしは、それを批判しようとは思わない。

しかし、教育とは子どもの問題にかぎられるわけではなく、また学校問題につきるものでもない。それは、母親たちじしんの問題でもあり、また独学の問題でもあるのだ。母親たちが、ごじぶんの「教育」はもう終ったのだ、とかんがえているとしたら、それは大きなあやまりである。「教育」とは、一生つづくものであり、その大部分は「独学」によるものだ、ということを、このさい、かんがえなおしておきたい。

学ぶこころ

一

寛政四年のころ、青山下野守という大名の家中の武士が、木曽路を旅し、寝覚の床で足を休め、名物のそばを食べた。ところが、その給仕に出た女の顔をみると、そばかすだらけである。そこで、旅先のいたずら心から、武士は一首をものした。いわく——

名にめでて木曽路の妹がそばかすは
寝覚の床のあかにやありなん

こんなにからかわれては、あんまりいい気持ちはしない。彼女は憤然として奥に入ったが、ややあって、一枚の紙片を武士のところにとどけ、黙って置いていった。読んでみると、こう書いてある。

そばかすはしづが寝顔に留置いて
よい子を君に奉りぬる

武士は、その当意即妙にびっくりして、恥じ入った。こんな田舎の給仕女が、なんとみごとな文学的才能をもっていることであろうか――当世風にいえば、まあ、そんなところである。

わたしは、この話を最近、根岸鎮衛《ねぎしやすもり》の書いた江戸時代のエッセイ集、『耳嚢《みみぶくろ》』という本をパラパラとめくっていて発見した。

この物語には、「賤女答歌の事」というタイトルがつけられている。

こんな話は、べつだん、どうということもない話である。類似の話のタイプは、いっぱいある。誰でも知っている例でいえば、太田道灌のやまぶきの答歌がある。落語にまでなっているから、あらためて、ここでくわしく紹介するにもおよぶまい。

それに、こうした話が実話であったかどうかも、大いに疑わしい。いくら文学的、詩的才能があっても、そんなに瞬間的にパッパと返歌ができるものではあるまい、とわたしは思う。人から人へとつたわっているうちに尾ヒレがついた、ということもあろうし、またひょっとすると、こういう話は、はじめからフィクションなのであるのかもしれぬ。

しかし、これが実話であったか、あるいはフィクションであったか、といったようなことにわたしは興味をもたない。わたしにとって、興味深いのは、この種の話が一種の美談として日本文化のなかに根づいている、ということである。そして、なによりも、これらの物語の主題になっているのが、文才、あるいは教養というものにたいする日本人の尊敬の念である、ということだ。教養が深く、さらさらと文字をしたためる能力をもっている人物——日本人は、そういう人物をほとんど無条件的に高く評価するのである。

別に、太田道灌だの寝覚の床だのといった例をもち出すにもおよぶまい。柳田国男先生の『西行橋』という論考を読むと、日本にはいたるところに西行戻り松、あるいは戻り橋と名づけられた古跡がある。そうした古跡には、まったく共通の伝説がある。つまり、西行戻りというのは、歌詠みの西行がそこまで来たところ、童子があらわれて名歌を詠み、西行は、ショックをうけてすごすごと戻ってゆく、というわけ。よもやこんなところに、といぶかしく思うほどの田舎に、たいへんな詩人や文学者がいるのである。西行も道灌も、思い上りをひたすらに恥じ入るのだ。

教養だの知識だのを、高い価値をもつものとして尊敬する思想——それを、かりに「知性主義」ということばで呼ぶことにしよう。日本という国、あるいは日本文化は「知性主義」によってつらぬかれているのである。

そんなことをいうと、あたりまえのことではないか、といわれるかもしれない。しかし、世界的にみて、「知性主義」の文化というのは、かならずしも普遍的な思想ではない。たとえば、歴史家のホフスタッターは『アメリカにおける反知性主義』という大著を書き、そのなかで、たとえばアメリカの南部や西部でいかに知性だの教養だのがバカにされていたか、を多くの実例でしめした。ついこのあいだまで——そして、今日でもある程度まで——アメリカにおける中心的な価値は、いささか荒っぽい行動主義であって、そこでは、西部劇に出てくるような、タフ・ガイが理想的人物とされていた。メガネをかけて本ばかり読んでいる、といったタイプの人物は、荒くれ男からせせら笑われ、突きとばされる喜劇的役まわりを背負わされるだけなのである。

学問や教養が何になる。強いのは、力だ。そういう思考方法が「反知性主義」を特色づける。アメリカだけではない。世界の多くの地域文化で、「知性主義」は、そんなにゆきわたっていないのである。

二

だいぶまわりくどい話になってしまったけれど、要点は、日本という国では知識が、そして知識人がたいへんに尊敬されるという事実なのである。学問のある人、教養のある人は、日本では、社会的にもっとも高い評価をあたえられる。だいぶまえにユネスコがおこなった国際比較調査によると、大学の先生といった職業の社会的評価がいちばん高いのは、世界の主要文明国の群を抜いて日本であった。

それは、けっしてわるいことではない。知識、教養といったものに価値をあたえるというのは、すばらしいことである。日本人は、みずからを「極東の君子国」と名のったりもしたが、たしかに、それは根拠のあることだ。識字率は十八世紀以来、世界最高であって、誰でも文字を読み、かつ書くことができる。読み書きソロバンは、ながいあいだにわたってわれわれ日本人共通の基礎教養でありつづけた。こんなにも、大衆的規模で教育のゆきとどいた国は、日本のほかに、あまり見あたらない。

なぜ日本人が知性主義をわかちあうようになったのか。理由はいろいろあろう。日本に文字をおしえてくれた、おとなりの中国文化が知性主義の国であったから、その影響をうけた、という事情もあろうし、また、徳川三百年の歴史のなかで「文民優位」の社会体制ができあがっていた、というのも有力な理由であろう。さらに、明治維新後の近代社会で、学問のある人物がつぎつぎに抜擢されて要職についた、という実績から、学問を立身出世の道具として考える風潮がうまれた。今日なお残る、学歴尊重主義なども、その風潮がうみだしたもの、といってよかろう。

だが、そんなことは、この際、どうでもよい。大事なのは、われわれ日本人がお互い、たいへんな知性主義者である、という事実である。日本人は、まったくひとりの例外もなく、知識にあこがれているのだ。

知識にあこがれる、ということは、別なことばでいえば、向学心にもえている、ということである。勉強したがっている、ということである。本がよく売れる。売れるだけでなく、よく読まれもする。われわれは、本を読んでいる人を尊敬する。その逆手をとって、大久保なにがしという殺人鬼は、本を小脇にかかえて、若い女性を誘惑することに成功した。知識とか知識人とかに対するわれわれの尊敬の念は、きわめて深いのである。

どれほどわれわれ日本人の向学心が高いか、については、おもしろいデータがある。それは、現在の日本での学生人口だ。わたしの友人のある教育学者の推計によると、いま、日本では、月謝を払ってなにかを勉強中の人は、実に二千万人に達する、というのである。

もちろん、この二千万人のなかには、たとえば、いけ花、茶道、尺八から小唄にいたるもろもろのおけいこごとの人口もふくまれているし、また水泳、テニスから柔道にいたる各種スポーツの人口もはいっている。さらに、ＮＨＫその他の放送をつうじての通信教育の受講生だの、速記、ペン字などの通信講座をうけている人たちも、二千万人のなかにかぞえられている。

しかし、それにしても、この二千万という数字は圧倒的である。日本の総人口がおよそ一億であるから、おおざっぱにいって、日本では五人にひとりがなんらかのかたちで、なにかを勉強し、あるいは学習している、ということになる。日本における「教育熱」の問題は、もっぱら、幼稚園から大学までの、せまい意味での学校教育の問題として論じられることが多いけれども、よくかんがえてみると、いわゆる「学校」以外のところでも、教育熱は、きわめて高いのである。学びたい、というこころが、おおげさにいえば、日本列島にみちあふれている――そんな印象をさえわたしはもつのだ。

学びたい、というこころは、たいせつである。たいせつ、という以上に、今日のような変化のはげしい社会では必要なことである。うっかりしていたら、日進月歩のあたらしい知識や、もののかんがえ方から、すっかりとり残されてしまう。サラリーマン社会では、たとえば、コンピューターというあたらしいかんがえ方にとり残されないための大学習運動が展開中である。数年前、NHKが放送したコンピューター講座は、七十万人が受講したという。

主婦についても、おなじことがいえる。よくいわれることだけれど、現在の小、中学校のカリキュラムは三十年まえのそれと、すっかりかわってしまっている。だから、子どもの宿題をみてやる、ということが、そもそも今日の母親にはできない。子どもの知識がどんどんふとってゆくのに、母親は追いつけないのである。母親もまた、学ばなければならない。

三

まえに、わたしはアメリカに「反知性主義」の伝統がある、と書いた。しかし、こうした、学びたいこころをうけいれる方法に関するかぎり、アメリカはいろんなくふうをしている。

アメリカの大学で生活していて、いつも気がつくことがある。それは、「学生」が実に種々雑多である、ということだ。

もちろん、大多数の「学生」は、日本とおなじように、二十歳前後の若い男女である。だから教室にはいると、若々しく、かつ華やかなふんいきが立ちこめている。ついこのあいだまでいた、ハワイ大学などは土地柄もあって、その若い学生諸君がほとんどハダカ同然。はじめのうちは、さすがのわたしも、教室に入るたんびに、いささかたじろいだ。

しかし、「学生」というのは、かならずしも、このような若ものたちだけではない。とりわけ、大学院レベルの授業では、ずいぶん年輩の「学生」たちがいる。ハワイで、わたしが部分的に担当していたアメリカ文明史のセミナーには、合計九人の学生がいたけれども、そのうち三人は、三十歳以上だった。その三人のなかで、最年長者は、五十歳にちかい婦人。もちろんミセスである。

彼女は、もともとドイツ人なのだが、大戦中にアメリカに亡命し、大学を卒業してから科学者と結婚して、子どもも何人かいる。結婚当時は共かせぎ、そして子どもの小さいうちは育児と家事に忙殺され——というおさだまりのコースで、全然勉強なんかできなかった。それでも、子どもたちがみんな高校から大学、というところまでそだったので、やっと暇ができた。家計にもゆとりができた。だから、中断されていた学問を、この辺でつづけることにしよう、というので、修士号取得のためほとんど三十年ぶりに大学生になった、というわけ。

もうひとり、ミセスがいた。こっちのほうは、三十代のなかばの女性だが、現在、大学のある研究室の秘書をしている。大学院だと、別に毎日授業がある、というわけではないし、週に二回のセミナーの時間だけ、こうやって教室にやってくる。学位取得は、何年かかってもかまわない。まあ、ゆっくり、たのしみながら、やりますわ、と彼女はほがらかにほほえんでいる。

もうひとりの中年学生は男性であった。この人も三十代で、妻子がいる。家庭をもっているから、ぼんやりと学生生活を送るわけにはゆかない。それで、かれは、一年おきに休学している。休学している年は、フル・タイムで工場ではたらき、なにがしかの貯金をする。そして、翌年はパート・タイムで、ガソリン・スタンドの給油係りをしながら学校に通い、前年の貯金で家計の不足をおぎなう。たまたま、わたしの会ったのは、かれの「通学年」にあたったわけだ。来年は、また工場ではたらきますよ、とかれは言い、さらに、こんなふうに一年おきに大学に来ると、いつも気分が新鮮で、この貴重な時間をムダにしてはならない、ということがよくわかります、とつけ加えた。

こういう、いろんな事情を背負った「学生」たちが、若い人たちにまじっている。場合によっては、ほとんど親子ほどの年齢のひらきのある人々が、机をならべて、おなじ授業を聴講し、いっしょになって討論をすすめているのである。そして、若い学生も中年の学生も、お互いに、べつだんなにも気にしていない。きわめて、自然につきあって談笑している。

こんな風景は、アメリカのたいていの大学で見ることができる。極端な場合には、大学の先生が一年間の休暇をとって、他の大学で授業をうけている、といったようなこともある。十年以上もむかしのことだが、ハーバード大学でわたしが聴講していた社会心理学のクラスに、白髪まじりの中年の学生がひとりいて、わたしたち若い学生といっしょにノートをとったり、教授に質問したりしているのに気がついた。何週間かたって、この人物といっしょにビールをのみに出かけ、話をきいてみると、この人は、カリフォルニアのある大学の哲学の教授であることがわかった。一年間、教壇をはなれて、一学生として知識をひろげよう、というわけなのさ、とかれは言った。哲学もずいぶん変化してきているからね、隣接の学問もしておかなくては教師もつとまらないよ、とも言った。

わたしは、深く感動した。すくなくとも、わたしの知っている日本の学問のあり方からみて、こうしたことは想像を絶している。日本では、「学生」はみんな年若く、そして、先生たちは、要するに先生であることを職業としてしまっている。時には、先生もまた、臨時の学生になることのできるアメリカというのは、たいしたところだ、と当時のわたしは、すっかり打たれてしまったのである。

四

通常の授業だけではない。アメリカの大学は、たいてい、普通の市民のための成人学級（エクステンション・コース）をもっている。通常の大学コースだと、単位もとれるかわりに試験もある。原則として、学生はフル・タイムで勉強することになっているし、日本の大学とちがって、本気で勉強しなければ容赦なく落第させられてしまう。大学院で、ゆっくりと学位論文を書く、というのだったらともかく、普通の学部の授業は、パート・タイムでは無理だ。

そこで成人学級ができた。工場や会社ではたらいている人たちや家庭の主婦むけに、成人学級は開放されている。べつだん入学試験があるわけでもなく、出欠を厳密にとられるわけでもない。希望すれば単位もとれるけれど、聴講だけでもかまわない。夜間学級として常時開設されているところもあるし、たとえば夏休みに数週間、集中的に開講しているところもある。

二、三年まえのことだが、カリフォルニアの大学から手紙が舞いこんだことがある。読んでみると、その大学の成人学級で日本に旅行をするので講師になってくれないか、と書いてある。この成人学級は、なんでも、二年ほどにわたってみっちりと社会科学を勉強したグループで、学生のなかには、銀行家もいるし家庭の主婦もいる。工場労働者がいるかと思うと小学校の先生もいる。たいへんな混成部隊なのである。

わたしは、たまたま、このグループの訪日の時期に都合がわるく、おつきあいすることができなかったけれども、このときも、アメリカの大学というものが果たしている社会的な役割について、深く考えさせられたのであった。すくなくとも、そこでは、大学というものは、若い世代のためだけにあるのではない。あたらしい知識をもとめ、みずからをよりゆたかにしてゆきたい、とねがう人々にたいして、年齢、性別を問わずに、その機会を大学はあたえてくれるのだ。別なことばでいえば、大学は、すべての市民がいつでも自由に使える社会的施設になっているのである。

もちろん、日本にも成人学級というのはある。各地方自治体などが、市民大学とか市民講座とかいう名でおこなっているのがそれだ。そして、こうした催しの主催者たちは、非常に熱心である。わたし自身、そうした、成人学級に関係することが多いので、その熱心さは、よく知っている。ほんとうに、献身的に成人教育のためにつくしている人たちが日本じゅうに散らばっている。そのことを、わたしは心づよいことだ、と思う。

しかし、こうした成人学級は、たいていの場合、一回ぽっきり、あるいは、せいぜい数回連続の講演会という形式をとるのがふつうであって、しかも会場にあてられるのは収容人員千五百人の公会堂や音楽堂であったりする。あることがらについて、じっくりと討論する、などということは、めったにない。話すほうは話しっぱなし、きくほうもききっぱなし、それでおしまい、である。

いうまでもないことだが、学ぶということは、ひとつの継続的ないとなみである。ときたま、思い出したように、ポツンと講演をひとつきく、というのもわるいことではないけれども、それは、たとえていえば、ふだんからだをうごかしたことのない人間が、ふと思い立って、ある日突然に百メートルのかけ足をするようなものだ。そんなことをしてみても、たいして健康には役にたたない。健康ということを目標にするなら、毎日、たとえ三分間でも体操をするほうがよい。

学習もおなじである。大事なのは継続なのである。毎日つづけることである。気まぐれの思いつきでは、なんの効果も期待できない。だから、さまざまな講演会を中心とする成人学級の努力を、わたしは高く評価する一方、こうしたこころみが、もっと継続性をもつことはできないだろうか、とわたしは思う。

かなりまえから、ユネスコでは「生涯教育」ということをひろく世界に訴えはじめた。要するに、これからの社会での教育というのは、人間の一生をつらぬく継続的ないとなみであって、せまい意味での「学校教育」だけを「教育」としてかんがえることは、もうやめたほうがいい、というわけだ。

そうした現代の要求は、たしかにある。そして、むかしから日本文化は向学心にもえ、知性主義の伝統をもっている。「生涯教育」は、日本ですばらしく開花する素地をもっている。条件は、そろっているのである。だが、まだ、それをうけいれるための社会システムが混迷している。せめてアメリカなみに、みんなが大学を「利用」することができればずいぶん事態はかわるだろうが、時間はまだ当分かかりそうだ。

意欲の問題

一

アメリカの心理学者に、D・マクレランドという人がいる。その著書“The Achieving Society”（一九六一）は『達成動機』という題で日本語に訳されているから、すでにご存じのかたもいらっしゃるかもしれない。

この書物は、かなり大きな本だが、その要点をかいつまんでいうと、およそ社会が生き生きと活気をもっているときには、かならずそれに並行、あるいは先行して、その社会を構成する人びとがつよい「達成動機」をしめした時期がある、という一種の歴史心理学なのである。

「達成動機」achieving motivation とはなにか。それは、わたしたちの日常言語に置きかえていえば、「やる気」ということである。なにごとかを成しとげてやろう、という積極的な気がまえのことである。そういう「やる気」が根源になって、社会は発展し繁栄する、というのがマクレランドの学説なのだ。

人間のがわに「やる気」があって、はじめて社会が繁栄する——それは、誰がかんがえてみてもあたりまえのはなしだ。げんに、多くの日本人がこれまで二十何年かのあいだ頑張ってとにかくはたらいてきたことの結果として、いろいろ問題をはらみながら、こんにちの日本では大多数の人びとがひもじい思いなどしないで済んでいるのである。人間のがわに「やる気」がなければ、社会ぜんたいが沈滞し、荒廃するにちがいない。それは、常識である。しかし、マクレランドは、この一見したところ常識的にみえる仮説を歴史的な資料によって整理し、みごとに実証してみせるのである。

たとえば、古代ギリシャのことをかんがえてみよう、とかれはいう。そして、ギリシャ人の「やる気」の程度をはかる手段として、ギリシャの古典文学作品をとりあげ、紀元前九〇〇年から一〇〇年までのあいだに書かれたそれらの作品にあらわれる「達成イメージ」をくわしくしらべてみた。もちろん、ギリシャ時代における「達成」の目標は、たとえば性能のいい船をつくる、とか、ひとに先んじて栄光ある未来に献身する、とかいったモチーフによって代表されるのだが、おどろいたことに、これらの活気にみちた「達成イメージ」は、紀元前七〇〇年ごろにきわめて高い頻度をしめし、二〇〇年ごろになると、ぐんと減少する、という歴史的事実がわかった。文学の歴史にも、このような統計上の変化があったのである。

ところでいっぽう、ギリシャの貿易活動に目をむけてみると、その活動範囲は紀元前五五〇年ごろから急速にひろがり、五〇〇年ごろにピークに達し、そのあとは急転直下、衰退にむかった、ということがわかった。

もちろん、文学史は文学史、経済史は経済史でまったくべつなものなのだから、相互に関係があるとはいえないかもしれぬ。だが、ギリシャだけではなく、近代にもおなじような例がある――そういって、マクレランドは十九世紀のはじめから二十世紀なかばまでのアメリカ合衆国の事例を紹介する。

かれは、まず、アメリカの小学校で使用されてきた教科書にのっている物語をこの百五十年間にわたってしらべてみた。教科書には子どもたちが生きる目標として追求すべきもろもろの価値が簡潔にわかりやすく描かれている。そういう物語のなかに、「達成イメージ」がどんなふうにちりばめられているかを数字によってしらべてみよう、というのである。

その結果、おもしろいことがわかった。アメリカのばあい「達成イメージ」は十九世紀のはじめからすこしずつ増加しはじめ、一八九〇年にピークに達する。教科書の全ページのなかで「達成イメージ」をふくむページの占める割合はおよそ一五パーセント。一八三〇年には一パーセントにすぎなかったわけだから、この増加率は劇的である。だが、一八九〇年以降は、また頻度が減少して、一九五〇年には五パーセントになってしいていたのである。子どもたちをふるい立たせるような文章は、歴史のなかで大きなカーブをえがいているのである。

そして、このカーブとほぼ平行なカーブがもうひとつあることをマクレランドは発見した。それは、アメリカの特許庁に申請され、受理された特許件数である。こちらのほうもじつにきれいな山型のカーブをえがき、十九世紀のおわりから二十世紀のはじめにかけて、いわばアメリカ史における「発見ブーム」をつくりあげているのだ。教科書が人間の意欲を鼓舞している時代には、じっさいに、旺盛な意欲によってなにごとかを成しとげようとする人間もふえているのである。特許件数は、そうした「達成」型人間の増減を計量するひとつのモノサシなのであった。

二

マクレランドのこの議論には、多少、保留してかんがえたいところもある。なるほど、「やる気」が旺盛な社会というのは活気があってエネルギーにみちあふれているだろう。みんなが、つまらなそうな顔をして、沈滞した社会より、活気のある社会のほうがずっといい。そのことに疑いはない。

しかし、「やる気」にも、いろんな種類があり、いろんな方向がある。学問研究だの芸術活動だのに「やる気」がむけられるなら結構だろうが、やるぞ！　と叫んで爆弾をおとしたり、機関銃を撃ちまくったりされたのではたまらない。じっさい、「やる気」の旺盛な社会では、しばしば、その「やる気」が侵略だの戦争だのにふりむけられたのであった。「やる気」さえあればいい、というものでもあるまい。

とりわけ、わたしがマクレランド学説に大きな抵抗を感じるのは、かれがこの「やる気」を動員することを、経済成長の手段としてかんがえているという点にある。じっさい、かつてヨーロッパ社会で、プロテスタントのはげしい宗教的な意欲が、それにひきつづく西洋の工業化につながった、というマックス・ウェーバー以来の有名な古典的実例に似たものを、「人工的」に発展途上国につくってゆこうというかれのかんがえかたが現実的であるかどうか、わたしは、さしあたり判断できない。

だがそれにもかかわらず、わたしは、かれが提出した「やる気」の問題は、社会、経済の問題とはなれて、「人生」の問題として、きわめて重要な意味をもっているのではないか、と思う。というのは、一般的にいって、「やる気」にみちた人間の人生は充実しており、それにひきかえ、「やる気」に欠けた人間の人生は不幸であるようにわたしにはみえるからだ。

対象がどのようなものであれ、「やる気」のあるなしは、人間の生活スタイルをずいぶん対照的なものにする。たとえば、「やる気」のある主婦と、ない主婦とを比較してみよう。「やる気」のある主婦は、お料理ひとつにしても、きわめて研究的である。いろんな献立を勉強し、つねに、よりおいしい料理を食卓にならべることをかんがえる。料理の本にのっている標準的な材料や調理法にみずからの創意でなにかをつけ足したり修正したりして、あたらしい献立をかんがえる。だが、「やる気」のない主婦は、だいたい、お料理などというものに興味をしめさない。インスタント食品で、なにごとも簡単に、というのが彼女の基本哲学である。そういう主婦が運営している家庭の男だの子どもたちは、食事のほんとうのたのしみを知ることができない。「やる気」のある主婦は、たとえせまいアパートの一室であっても、空間をじょうずに使うことをくふうし、室内を快適に清潔にしつらえることをかんがえる。「やる気」のない主婦の運営する家庭はどんな大邸宅であろうとも、家のなかは乱雑で、室内には、いっこうに魅力というものが生まれてこない。要するに問題は、人生にたいする意欲の問題なのである。オフィスではたらく女性たちにしてもそうだ。意欲のある女性は、じぶんのしごとを、どうやったら能率的に、たのしくこなすことができるかをかんがえる。意欲のない女性は、ただ、つまらなそうな顔つきで、九時から五時まで机のまえにすわっているだけ——そして、不平たらたら、という毎日を送ることしかできない。

もちろん、人生をどう生きるか、は、それぞれの個人の自由である。意欲があってもなくても、人間、いちど生まれて、いちど死ぬ。どう生きようと、勝手といえば勝手なことだ。しかし、ネコのひたいほどの庭でも、そこに花を咲かせてみよう、というささやかな意欲によって生きる人生と、ペンペン草の生えるにまかせておく人生と、どっちのほうがしあわせか。花が咲いたら、絵筆をとって絵をかいてみようという意欲のある人生と、美術なんか、ちっとも興味がない、という人生と、どっちのほうにより多くのよろこびがあるか。おそらく、わたしたちの大多数にとって、答えは自明なのではあるまいか、とわたしは思う。

男であろうと女であろうと、老人であろうと若ものであろうと、どんな境遇、どんな職業についていようとも、意欲にみちた人生はしあわせなのである。「生きがい」の問題も、要するに、この意欲の問題と深くかかわりあっているにちがいない。

三

こうしたことをかんがえながら、わたしは、そもそも「教育」というのはどういうことなのだろう、という問いがじぶんの内がわで頭をもたげてくるのをおさえることができない。もとより、教育の目的については、「教育基本法」その他の法律がきっちりといろんなことを定義している。教育学者の書いた、あれこれの立派な教科書にも、なるほど、と同意しなければならないような、たくさんの名言がならんでいる。それらにたいして、わたしは、けっして反対するわけではない。

しかし、わたしのかんがえるところによると、「教育」というものの基本的な目的と意味は、ひとりひとりの個人が、人生にたいする意欲をつちかうことにある。意欲ある人生を送ることのできる人間——そういう人間をつくることが教育の使命なのである。そして、いまの日本の社会での教育の根本問題は、このような意欲づくりにあんまり貢献していないのみならず、むしろ、意欲を圧殺している、という点にあるのではないか、と思うのだ。

もとより、学校の先生がたが、子どもたち、若ものたちの自発性をだいじにしよう、という努力をかたむけていらっしゃることをわたしは知らないわけではない。だが、日本の学校教育は、ひとりひとりの人間の自発的——ということは、意欲的ということだ——な、学ぼうとする気持ちをのばしてゆくことよりも、むしろ、つぎからつぎへと新知識を押しつけることに終始しているようにみえる。

子どもや若ものは、元来が好奇心のかたまりである。幼児は、じぶんの身のまわりをとりかこむあらゆるものについて、知りたがる。いろんなものの名前を、幼児はおどろくほどのスピードでおぼえ、すこし大きくなると、うるさいほど、なぜ、なぜ？　を連発するようになる。そういう好奇心はけっして「本能」ではないけれども、こんにちの人類の多くの社会では、生まれおちたときから、好奇心はほとんど自動的に人間に内蔵されているかのようでもある。じじつ、クルックホーンのような人類学者は、「あたらしい経験をもとめる欲求」を、人間の基本的欲求のひとつにかぞえているくらいだ。

だが、子どものそういう好奇心は、非常にしばしば、おさえつけられる。なぜ、なぜ？　も、さいしょのうちは、可愛らしく、親は相好をくずしてそれに答えるが、だんだん、めんどうくさくなってくる。いいかげんにはぐらかしたり、子どもはそんなこと知らなくたっていいの、などと逆に叱りつけたりするようになる。そして、五、六歳になって、ときには親も知らないようなことについて、なぜ、なぜ？　がはじまると、親のほうがたじたじになる。たとえば、ちょっとませた子が、数の1・2・3……という序列のなかで、0というのはどういうこと？　などとたずねたりすると、たいていの親は完全にお手上げだ。

もしも、親のほうが、いっしょになって子どもの好奇心につきあい、答えを真剣にさがしてやることができるなら、子どもの意欲はみたされ、さらにつぎの意欲への展開が用意されるだろうけれども、頭から否定的にあしらったら、せっかくの好奇心も萎えてしまう。そして、幼児期のそういう経験は、まず、一生といわないまでも、長期間にわたってその人間の人生に痕跡をのこすにちがいない。

学校というのが、それに輪をかけて好奇心を圧殺する。だいたい、むかしから、日本には、読書百遍、意おのずから通ず、式の暗記主義の伝統があった。とにかく、なんでもいいから、教科書にかいてあるとおりのことを暗記すればよい、という学習哲学、教育哲学が根づよいのである。なぜ？　にたいしては答えることなく、とにかく、おぼえろ、暗記せよ——本に書いてあるとおりのことを、オウムがえしにすることがすなわち学習なのだ、というふうに多くの日本人はかんがえてきたのである。

四

そのことは、おたがい、おとなになって子ども時代、あるいは学生時代の経験をふりかえってみれば、あきらかだろう。

わたしじしんについていえば、いまでこそ歴史というものがおもしろくてたまらないのだけれども、わたしの時代の歴史教育というのは歴代天皇の名前を丸暗記する、といったようなことがその中心だったから、歴史という科目には、さっぱり印象がのこっていない。

理科も、中学生のころ、力学には興味があり、いささかの自発的意欲があったのだが、その意欲が燃えはじめたころには、もう学校の教科書は電気にはいっていて、ついに力学をそれ以上すすめることもできなかったし、その反動で、電気は大嫌いになった。いまでも、簡単な配線くらいはじぶんでやるけれども、そもそも電気とはなんであるのか、わたしは、まったく知らない。

要するに、やりたい、という気が起きたとしても、そういう気持ちを学校はだいじにそだててくれなかったのである。デカルトがいうように、「幾何学的精神」と、「代数学的精神」とがもし、まったく対照的な精神であるとするなら、幾何の好きな人間には幾何への興味がのびるような教育を、そして代数の好きな人間には、代数をみっちり、という教育を、それぞれの個性にあわせてあたえるのが教育というものの基本姿勢だと思うのだけれど、じっさいには、そうなってはいない。ひとりひとりの好き、きらい、得手、不得手にかかわりなく、なんでも画一的に押しこむことがこれまでの日本の「教育」というものだったのではないか。

そういう環境のなかで、ほんとうに自発的な意欲の展開、などということはありえない。せっかく、なにごとかについての意欲が高まることがあったとしても、それは、だいたい、教育の「制度」のなかで完全に粉砕されてしまうのがふつうなのである。「制度」がもとめるのは、あらゆる学科について、それぞれに、かなりいい成績をおさめる人間なのであって、特定の領域にかたよりのある人間――たとえば、代数はよくできるが、外国語はダメ、といった人間――は、おおむね「制度」のなかでは、けっして高く評価されないのである。

だいたい、なによりの証拠に、日本の「優等生」というのは、さっぱり人間としておもしろくないのがふつうだ。わたしも、「優等生」を何人か知っているし、そういう人たちは官庁や会社でも、だいたい枢要の地位についているものだが、そういう人物と話をしていると、わたしは完全に退屈する。かれらは、おそらく、子ども時代に、先生からあたえられた宿題を、教えられたとおりにソツなくこなしたに相違なく（そうでなかったら、優等生になれたはずがないではないか）、そして、それとまったくおなじ方法で、おとなになっても、あたえられたしごとをただ忠実に遂行しているだけなのである。そういう人たちが、能吏であり、また優秀社員であることにちがいはないだろうけれども、かれらは、かならずしも、これまでにみてきたような意味での「意欲」にみちた人間ではないようにわたしにはみえる。かれらは、前例だとか、規則だとかを暗記する能力においで卓抜だけれども、けっして創意工夫の人ではない。そして、もしも、はじめにみたように、「意欲」こそが人生における幸福のわかれ道だとするなら、こういう優等生たちは、その立身出世の代償として、しあわせな人生をついに知ることのない人たちなのではないのだろうか。

世に、教育ママと呼ばれる人たちがたくさんいることをわたしは知っている。いや、誰だって、親の立場になってみれば、子どもの教育について無関心ではありえない。子どもの、しあわせな人生の土台をつくるのは親の義務というものでもあろう。しかし、ただ一流校の入試だけを目ざして暗記教育を子どもに課する、ということは、その子どもの人生にたいして、かならずしも、いい効果をもたらすものではないだろう。それは優等生をつくる結果になるかもしれないけれど、まえにのべたとおり、わたしの判定では、優等生というのは、人間として、さっぱりおもしろくない。

だいじなのは、意欲ある人間をそだてることである。なにごとかを成しとげようという内面的な燃焼炉を心のなかにもった人間をつくることである。そういう人物は、こんにちの制度のなかでの優等生になれないかもしれないが、人間としての、ほんとうの優等生なのだ。そういう、意欲ある人間をつくろう、という「意欲」によって子どものことをかんがえている教育ママがいるとするなら、そういう教育ママにわたしは大賛成なのである。

読書について

一

生活の本拠を京都から東京に移すことにした。その引越しにあたって、蔵書を整理しながら、ふと、おそろしいことに気がついた。というのは、わたしは、じぶんの生きているあいだに、とうてい、この蔵書を読みつくすことができない、ということがわかったからである。

わたしは、まず乱読家である。いろんな本に手を出す。動物学の本を読むかと思えば江戸時代の紀行文を読む。デザイン理論も読むし考古学の本も読む。探検記も読むしSFも読む。要するに、おもしろそうなものは、手あたり次第、読む。

しかし、それにもまして、ツン読家である。本をやたらに買いこむ癖があるのだ。デパートに出かけた女性が、ブラウスだの、ハンドバッグだの、スカーフだの、いろんなものを見ているうちに矢も楯もたまらなくなり、あれこれと買い求めるのと似たふしぎな衝動が、本屋さんのなかに一歩足をふみいれたとたんにわたしの内部で作動しはじめ、いろんな本を手にとって、結局のところ、買ってしまう。

今日もそうだった。ふと書店にはいって書棚をみたら『匂いの科学』というおもしろそうな本があったので、それを買った。人類学者のオスカー・ルイスがプエルト・リコでおこなった調査記録『ラ・ビーダ』も三冊揃いであったので、それも買った。江戸時代の本だが橘南谿の『東西遊記』があらたに東洋文庫版で出た。これは中学時代の愛読書だったからこれも買うことにした。それやこれやで、合計六、七冊、八千円なにがしかを使ってしまった。家に帰ってきて、それらをパラパラとめくり、机のうえに積みあげ、いま、その背表紙を横目で眺めながら、こうして原稿用紙にむかっているところなのである。

こんなふうに、月に何回か衝動買いをするうえに、あちこちから本をいただく。それがもう二十年ちかくつづいているのだからたいへんだ。正確にかぞえてはいないけれど、冊数にして、ざっと一万冊ちかくになってしまった。書庫などというものをもっていないので、そのすくなからぬ部分は研究室に移したが、家にも四千冊ほどがある。それを京都から東京に移動しようというのだから、たいへんなさわぎなのであった。

その四千冊の本を整理しながら、わたしは、はたして、この本のうちどれだけを読むことができるか、と、ふと思ったのである。これらの本のうち、半分くらいは、すくなくとも目をさらす、という程度には読んだろう。しかし、かりに、まだほとんど読んでいない本を二千冊、と仮定してみて、これをぜんぶ読むのにどれだけ時間が必要なのであろうか。

学生のころには、読書だけがしごとだったから、一時期、一日一冊という、かなりきびしい多読をみずからに課したこともある。そのペースでゆくならば、二千冊は六年たらずで読破できるだろう。しかし、現在のわたしは忙しい。ふりかえってみると、このごろでは、きっちりと読めるのは、まず週に一冊、というところか。ということは一年に五十冊ということであり、二千冊を読みとおすには四十年かかる。いまからなお四十年を生きる、というのは、まずむつかしい。かりに生きることができたとしても、七十歳、八十歳になってなお、読書力を維持できるかどうか、は心もとない。

そのうえ、この二千冊でわたしの本は尽きるのではなく、毎月、何冊かが増加している。げんに、今日も、数冊を衝動買いしてしまったところではないか。要するに、わたしの人生は、ツン読人生であり、一ページもひらくことのなかったおびただしい書物にかこまれて生きつづけることになるらしいのである。そう思ったとたん、なんだか、わたしはさびしい気持ちになった。そして、このさい、読むべき本は厳選しなければ、と思った。

そんなわけで、わたしは、この引越しにあたって、これから本気で読まなければ、と思っている本を中心に、かぎられた数の本をえらぶことにした。東京の家に、じゅうぶんな書棚を配置できないという事情もある。わたしは思い切って、移動させる本を千冊ほどにカットした。それに辞書、事典、など常時手もとに必要な参考書をくわえて、千二百冊。いま、わたしは、じぶんの全蔵書のおよそ十分の一とともに生きる生活をはじめてみたところなのだ。

二

しかし、いくら身近なところの本を整理してみても、人間が一生のあいだに読むことのできる本の量が有限である、という事実にかわりはない。人類がこれまで営々と積みあげてきた知慧と知識のごく一部にかすかにさわるのが人生というものなので、ちっとばかり読書したからといって、思い上ってはいけない。お互い、人間にできることというのはかぎられているのである。

そんなことをかんがえながら、わたしは、人間にとって読書とはいったいどういうことなのだろうか、と思った。もとより、これまで多くのすぐれた人びとによって「読書論」はいくたびも書かれてきた。それをここでくりかえそうとは思わないし、わたしにその資格があるとも思わない。だが、わたしは、ごく素朴な意味で、読書というのは、他人の経験を共有するということだ、という点に着目したい。

たとえば、ここに一冊の小説がある。その小説のおもしろさは、ひとえに、読者であるわれわれが、その小説に登場する人物、そしてその登場人物の背後にいる著者のこころの世界に入りこんでゆくことによってうまれてくる。活字をつうじて、著者と読者がふれあい、著者の経験が読者のなかにつたわってゆく——それが本を読むということであり、読書のたのしみというものであろう。むかしふうにいえば、「心の琴線」にふれあうとき、本はおもしろい。おもしろいから、本を読みはじめると夢中になって、時間のたつのを忘れる。

小説だけではない。あらゆる読書は、著者の経験をうけとる、ということである。著者のこころの経験、あるいは、からだの経験、それを活字という手段をとおして、われわれはみずからのなかにとりこんでいるのである。べつな言い方をすれば、読書とは他人の経験を正々堂々と盗む、ということである。読書家とは、経験の大盗人のことである。そして人間は、他人の経験を貪欲に盗むことによって成長する。

むかしの社会では、経験というものは容易に盗むことのできるものではなかった。いや、盗むことをゆるさなかった。ちょうど、宗教上の秘儀のように、特殊な経験は、特殊な個人の内部にひっそりととじこめられており、その個人は、じぶんがふさわしいと思う特定個人をえらんで、その人物にだけその経験をゆずりわたすのであった。武術の免許皆伝というのもそのようなものであったし、芸能、技術の秘伝というのも、こうした独占的な経験の移譲のことにほかならなかった。そういう経験の伝承と独占が権威を形成した。未開社会では、この種の独占的な権威は、たとえば魔術師だの王だのの地位を保証するものだったし、文明社会になってからあとも、神官や学者はおおむね秘儀伝授の方法によって蓄積された経験の独占をはかってきたのである。高等教育のありかたを、「象牙の塔」という形容で呼ぶのは、こうした閉ざされた経験伝達が学問の世界でふつうにおこなわれていたからであろう。他人の経験を盗む、というのは、めったなことではゆるされなかったのである。

じっさい、人間の歴史をふりかえってみるならば、ついこのあいだまで、知識というものは、かぎられた数の人びとのあいだで共有されていたにすぎなかったのだ。ふつうの民衆が、他人の経験、とりわけ高度の知識を盗むことは、ほとんど不可能だった、といってさしつかえない。そして、そういう歴史的背景のうえでかんがえてみるならば、本を読むということがいかに大きな革命であったかに気がつくのである。それは、経験を盗む、というふしぎな行動の「自由化」ということである。独占されていたものの「解放」ということである。

いうまでもないことだが英語では、著作を「出版」することを publish といい、「出版物」のことを publication という。文字をみれば、すぐにわかることだが、これらは、ともに public という形容詞と同一の語根から出ている。パブリックとは、公共ということである。みんなでわかちあう、ということである。したがって、「出版」というのは、個々の私人がその経験を公にする、ということになるだろう。個人的な経験は publication になることによって、万人共通のもの、あるいは、誰でも自由に盗むことのできるものになったのだ。

三

本屋さんの店頭にならんでいるおびただしい数の書物は、われわれにむかって、どうぞわたしたちの経験を盗んでくださいな、と呼びかけているのである。われわれは、そのどれをどんなふうに盗んでもかまわない。さまざまな人のさまざまな経験は現代の社会では、すべての人びとのまえに公開されているのである。

そのことをかんがえるたびに、わたしは、はたして、いまの社会で学校というものがどこまで必要か、という疑問をもたないわけにはゆかない。なぜなら、そもそも教育というものは、他人の経験を盗むことであり、その経験の市場が右にみてきたように「自由化」されているこんにち、われわれがその気になりさえすれば、べつだん、学校などという制度のなかにはまりこまないでも、いくらでも自由に教育をうけることが可能であるからだ。とりわけ、高等教育レベルでは、本を読むことのほうが、授業をきくよりはるかに有効であるばあいがすくなくない。正直に告白すると、わたしなども、おもしろくない授業はおおむねすっぽかして、図書館で本を読んでいたような記憶がある。すぐれた先生のすぐれた講義はたのしみだったけれど、十年一日のごとく、おなじノートを読みあげる先生の授業は、バカバカしくて、出席する気になれなかった。

もっとも、先生がノートを読みあげ、学生がそれをそのまま書きうつす式の授業——こんにちの大学にはあまりないかもしれないが、わたしが学生だった二十年ほどむかしにはかなりのこっていた——は、書物というものがまだゆきわたっていなかった中世の大学の伝統をつぐものであって、わたしには研究対象としておもしろかった。書物のない時代には、原本をもった先生がその本を読みあげ、学生は、それを写して、じぶん用の書物をつくったのである。高等教育をうける、ということは、したがって、写本をつくるということと、ほぼ、同義なのであった。テレビ放送で人気のあった勝海舟だって、その少年時代には、本を借りてきては写す、という方法で勉強していたのである。ノートを読みあげる授業方式は、こんにちではナンセンスにちかいけれど、もともと「大学」というところがどんなふうに授業をしていたか、といえば、まずこの書写方式であったとみてさしつかえないだろう。本のない時代には、こんなふうにして経験をつたえることが、唯一の「教育」方法だったのである。

本題にもどろう。こんにちの日本は、すでに中世ではない。先生のことばをひとことのこらず書きうつす、などということは、もはや必要ではない。たいていのことは、本に書いてある。本を読めばよろしい。まえにも論じたことがあるけれども、大学卒、などという学歴なんか、べつだん問題ではないのである。わたしの友人のなかには、制度上の学歴がとぼしくても、その読書力によって、そこらのあまたの大学卒をはるかにしのぐ学識をもった立派な知性人がたくさんいる。他に知識を手にいれるための手段がなかった時代には、学校に通うことは絶対に必要な教育の方法だったのだろうが、こんなにもたくさんの本にとりかこまれている現代人にとっては、よほどいい学校、いい先生にめぐりあわないかぎり、学校なんて、なくたっていいのではないか、とさえ思われるのだ。

とりわけ、そのことを、わたしは、現代のおとなたちについてかんがえる。一九七三年の世論調査によると、日本人の三七パーセントは、もういちど教育をうけることができるとすれば、大学卒まですすみたい、という願望をもっているという。たしかに、むかしは時代がわるかった。すくなくともわたしと同世代の日本人は、学徒動員だの勤労奉仕だので、進学もできなかったし、勉強も思うにまかせなかった。だから、こうやって、いったんおちついてみると、遠いかなたに流れ去ってしまった青春が悔やまれてならないのである。もういちどきっちりと勉強できたら——そんなふうにかんがえるのは、きわめて当然のことというべきであろう。だから、なかには、中年になってなお向学心やみがたく、大学に入学する人たちもいる。

それはたいへんに結構なことだ。教育というのは、子どもの問題というだけでなくおとなの問題であり、人間一生の問題だからである。五十歳の主婦が、あらためて大学の聴講をしている、といったすがたをわたしは力づよいものとしてうけとる。しかし、そうしたことができなくても、わたしのみるところでは、かなりの部分は、読書によってカバーできるはずである。かつて、高等教育をうけられなかったことを後悔するだけでなく、それをとりもどすための読書にも、もっと注意がむけられてよい。

四

こんなことをいうのも、じつのところ、日本の主婦たちが、いっこうにまともに本をお読みになっていない、ということにわたしが気がついているからなのである。もし、まちがいだったらおゆるしいただきたいのだが、日本の多くの主婦は、本を読む、ということを生活習慣のなかにいれていらっしゃらないようだ。もちろん、新聞や雑誌はたくさんの人が読んでいる。しかし、きっちりした本をきっちりと読むことがほとんどおこなわれていない。女学生時代には、あれこれの文学全集などを熱心に読んでいたくせに、家庭をもったとたんに本を読まなくなる。

もちろん、これには反論があるだろう。家事や育児に追いまくられて本なんか読む暇がありませんわ、とすぐにおっしゃる。そうかもしれない。しかしこのあいだおこなわ

れた生活時間調査によると、日本の主婦は平均して一日に四時間ほどテレビを見ている。テレビを見ることがわるい、というのではないが、すくなくとも平均的にいって、暇がないとはいえないだろう。

暇があったとしても、家計が苦しくて本なんか買う余裕がない、とおっしゃる方もある。たしかに本は高くなった。読みごたえのあるがっちりした本は、千円以上する。しかし千円の本を高い、という主婦が、特売場で二千円のブラウスを安い安いといって買いあさっていらっしゃるのはどういうわけか。ものの値段についての尺度が、ちょっと狂っているのである。わたしなどにいわせれば、このすさまじいインフレ時代に、書物というのは、まだ不当に安すぎるような気さえする。よしんば、ほんとうに本が高くて買えないとしても、その気になりさえすれば図書館だってある。本は、いくらでも読めるのである。暇がない、カネがない、というのは、怠惰の口実であることがしばしばなのではないか。

わたしは、こうした主婦の実態をたいへんに残念なことだと思う。いまの日本で、数百万の主婦というのは、もっとも可能性に富んだ知的水脈であって、その潜在的エネルギーはすさまじいものであるはずなのだけれど、一般的にいって、主婦は勉強ぎらいだ。そして、右にのべたように、みずから勉強しない口実を防壁のごとくに張りめぐらし、内実はテレビを見たり、あてもなく、ぶらぶらと買物に出かけたりなさっているらしいのである。もちろん、右にのべたように、これはあくまでも平均的、一般的な話であって、すべての主婦がそうだといっているのではない。だが多くの主婦が読書をしていないというのは、ほぼたしかなことだ、とわたしはかんがえている。

そのことは、めぐりめぐって、じつは子どもの教育と関係する。というのは、母親が本を読まないから子どもも本を読まない、という因果関係が想定できるからだ。わたしは、これまで十年ほどのあいだ、母親のグループといくたびもつきあい、そのたんびに、子どもがテレビばかり見て本を読みません、どうしたらいいのでしょう、という苦情とも質問ともつかない声をききつづけてきた。そういうとき、わたしは、そのお母さんたちに、それでは、あなたがたは、このひと月のあいだに、どんな本をお読みになりましたか、と反問してみたのである。そしてお母さんたちは、このわたしの反問に当惑げな顔つきをなさるのであった。お母さんが本を読まないで、どうして子どもが書物にしたしむようになろうか。本を読むのは若いとき、年をとったら本なんか読まないもの——そういう思いこみで子どもと接触していたのでは、家庭教育などできっこない。

じっさい、皮肉なことに、このごろでは、子どものほうがテレビを見る時間数がすくないのである。お母さんたちは一日四時間、そして子どもは三時間以下。これでは、子どもに本を読みなさい、などという資格はないではないか。わたしのかんがえでは、ほんとうの、のぞましい「教育ママ」とは、自己教育に熱心なママのことだ。みずからを教育することを忘れて、子どもにだけ勉強しなさい、というのは、いかにも白々しい。

わたしは、日本の主婦が、すくなくともひと月に一回ぐらい、本屋さんにはいって、三十分間でいいから書棚をながめる習慣をもつことを提案する。そして、特売場をひっかきまわすあの熱気で、本をえらぶことを提案する。それは、日本の教育をよくするために、主婦のなしうる大きな貢献であるにちがいないのだ。

生き方の学習

一

　人間は他の動物にみられないすばらしい能力にめぐまれているけれども、そうした能力のひとつに「理想」の構想力、というものがあるのではないか、とわたしは思う。人間というものは、たんに現在のあるがままのすがたに満足することができず、つねに、こうありたい、こうあってほしい、という理想像を心のなかにつくりあげ、それにむかって日々の生活をいとなんでいる存在なのだ。

　もちろん、「理想」とひとくちにいっても、それにはいろんな種類のものがあるだろう。世界に永遠の平和をもたらしたい、という雄大で崇高な理想もあるし、今年の秋こそはオーバーをひとつ新調したいものだ、といったような、きわめてささやかで個人的な理想もある。受験生にとっては、入学試験に合格することが理想だろうし、療養中の人にとっては一日もはやく健康を恢復することが理想だろう。人それぞれの境遇や立場によって、理想はさまざまなものでありうる。

しかし、それがどのようなものであれ、理想あればこそ人間は生きるよろこびを知ることができる。たとえ今日が苦しみにみちたものであっても、明日がよりたのしいものであるだろう、いや、たのしいものであってほしい、というほのかな希望がひとを力づけるのである。ひとは、理想をみずからつくり、その理想によって生きるのだ。

ところで、さまざまな理想のなかで、とくに注目していいのは、人生をどのように生きるか、という生き方の理想像であろう。人生というものは、われわれの多くにとって、じつは、たいへんにぼんやりしたもので、生きる、ということは、一種の不安にみちた手さぐりのいとなみである。どんなふうに生きたらいいのか、は、正直なところ、よくわからないのがふつうなのだ。そして、そういうわれわれの不安にこたえてくれるものとして、これまでこの地球上で生きた何人もの人びとの人生のモデルがある。それは多くのばあい、自伝だの伝記だのといった文学形式をとって、書物になっている。どんなふうに生きるか、という漠然とした問題にぶつかったとき、われわれは伝記をひもとく。そして、生きるための指針をそこからひき出す。伝記をつうじてわれわれが学ぶのは、人生の理想というものだ。もとより、伝記の主人公たちのような、ずば抜けた偉人英雄になることはできないにしても、せめて、それにちかい生き方をしたい、すくなくともそういう努力をしたい——われわれは、そんなふうにかんがえる。

人間、生きたいように生きればよいではないか、という人がいる。たしかに、そうかもしれぬ。しかし、どんなふうに生きるかを、ことごとくじぶんで決めることができる、とかんがえるのは、思い上りというものだ。人間の人生観、あるいは生き方の理想は、どこかで、誰かから学んでいるのである。よしんば伝記を読まないとしても、誰かの人生を見たりきいたりしながら、われわれはじぶんの人生を設計しているのである。

他人の人生をモデルにする、という方法は、ほとんど本能的といっていいほど人間にそなわったものであるようにみえる。子どもたちは、三歳か四歳になると、ぼんやりと人生の理想を構築しはじめる。それらの理想は、理想というにはあまりにも幼稚で、しかも雲をつかむようなたよりないものだけれども、この年齢の子どもたちは、たとえば、大きくなったら野球の選手になりたい、とか、パイロットになりたい、とか、それぞれに人生の将来のイメージをつくりはじめる。

たんにイメージをつくるだけではない。しばしば子どもたちは、そのイメージを現実にもちこんで、あそびをくふうする。いわゆる「ごっこ」あそびがそれだ。人形をかかえ、小さなナベやカマをならべて女の子はままごとあそびをする。男の子はプラモデルの自動車や飛行機をうごかして夢中になる。そういうあそびに一生けんめいになっている子どもたちは、それぞれに空想上の役割――すなわち、主婦だの、パイロットだの、レーサーだの、といったおとなの役割――に陶酔しているのだ。われわれの子ども時代の経験からも、そのことは、ほぼ断定できるだろう。「ごっこ」あそび、とは、そのかぎりで一種の「理想」あそびである。あるいは、じぶんの将来をそこに仮託しているという意味で「予感」あそびであり、または「予想」あそびである。

おとなになるにつれて、人間は、現実主義者になる。だから、「ごっこ」あそびのようなことは、あまりしない。しかし、折にふれて、みずからの将来のすがたをかんがえ、しばしその想像の世界に没入するということは、けっして珍しくない。いつできるともわからないマイホームの設計図をあれこれといじりまわすわれわれは、それなりの「ごっこ」あそびをしているのだ、といってさしつかえないだろう。

二

伝記、とわたしは書いたが、他人の人生を学ぶのは、かならずしも伝記にかぎられているわけではない。わたしのみるところでは、およそ小説というものは一般的にいって人間によい意味でもわるい意味でも人生のモデルを提供してくれるものだ。すでに多くの文芸批評家たちが指摘しているように、小説というものは、近代の産物だ。近代社会というのは、停滞的な伝統社会とちがって、人間の人生のパターンが多様化し、自由化した時代である。中世の社会では、人間がどんなふうにその一生をおくるかは、はっきりとわかっていた。農家にうまれた子どもは、その一生をそのうまれた村で土とともに生きることがほとんど無条件にきまっていた。人生がきまっている以上、どんなふうに生きるか、などをかんがえる必要はなかった。人生は、勝手にえらべなかったのである。

ところが、近代というのは流動の時代だ。たとえば『赤と黒』の主人公、ジュリアン・ソレルのように村をとび出して人生の大冒険をこころみる連中が出てくる。『オリバー・ツイスト』のような、波瀾万丈の人生もあらわれるようになる。人生どうなるかわからない——そういう希望と不安のまじりあった時代が「近代」というものであり、そして、そういう時代の反映として小説という文学形式が成立した。小説は、架空の物語であるけれども、そこには、それぞれの時代の人生のモデルがあった。

じっさい、小説を読む若い人たちは、小説の主人公にわが身をなぞらえて、一種の心理的な「ごっこ」あそびをしているのだ、といえないこともない。どんなふうに生きるか、これからの人生にどんなことが起きるか、それにたいしてどんなふうに対処したらよいのか——そうした一連のことがらを、われわれは小説から学ぶのである。そして、その学習の結果が、意識的、無意識的にわれわれの現実生活になんらかの影響をあたえる。われわれは、小説によって人生を勉強するのだ。

さいきんでは、他のもろもろの大衆芸術、たとえば映画、テレビなどがそうした人生教育の役割を担うようになった。これらの芸術のなかに登場する主人公たちは、同時代のわれわれにとって可能ないくつもの生き方のモデルだ。もちろん、主人公たちとその生き方のなかには荒唐無稽のものがたくさんあるし、われわれの現実生活と切り結ぶところのまったくない物語もやたらに多い。映画やテレビドラマがわれわれにとっての人生の教師だ、などといったらそれはウソになる。しかし、ドラマを見るということは、それじたい、ひとつの学習である。じっさい、日本の江戸時代の勧善懲悪をテーマにした歌舞伎劇などは、当時の民衆に、人間としてなすべきこと、してはならないことをくりかえし教える教訓劇だった、ともいえる。それらは、人生を生きる方法についてのひとつの倫理基準を用意していたのだ。われわれは、劇中の主人公を、いっぽうで客観的にながめながら、他方ではわが身になぞらえてかんがえる。そして極端なばあいには、好きな主人公をモデルにして、その主人公のように生きようとしたりもする。

たいていの社会は、いくつかの生き方の理想をかかげ、人びとがそういう理想にみずからを近づけながら生きることを教育課目のなかに導入する。学校教育などというものが制度化される以前の社会でも、たとえば村の長老は村人たち、子どもたちをあつめてその部族につたわる英雄の物語をくりかえし話したりした。ひとつの世代からつぎの世代へ、英雄物語は口づたえに伝承されていたのである。日本の『古事記』もそうした口承英雄譚だったし、フィンランドの『カレワラ』もそうだった。たいていの社会には、ほとんど伝説的ともみえる英雄たちがいる。そして、その社会の人びとは、そうした英雄をときには神さまのように崇拝し、英雄たちを理想として生きたのである。

三

近代の学校制度のなかでも、英雄はのこった。いや、のこった、というよりも、あたらしい時代の要請にこたえて、あたらしい英雄たちがつくられた。そして、そのあたらしい英雄物語は、教科書の何ページかを飾るようになった。

たとえば、ジョージ・ワシントンの物語をわれわれの多くは知っている。ワシントンは父親のだいじにしていた桜の木を切ってしまった。しかし、かれは、そのあやまちを正直にみとめた。正直というのは勇気の要ることだ。ワシントンは、子どもたちに正直であれ、という教訓をのこしたのである。

野口英世の物語もある。貧しい農家にうまれた野口英世は、幼いころ、やけどをして手が不自由になった。友だちから、さんざんバカにされた。しかし、それにくじけることなく、かれは勉学にはげんで世界的な大学者になった。さまざまな不運にくじけてはいけない、つよく生きよう。野口英世は子どもたちにそう教える。

誰でもが知っている英雄たちは、ほかにもたくさんいる。キューリー夫人、福沢諭吉、リンカーン……いろんな国のいろんな時代に生きた人びとが、子どもたちのまえに生き方のモデルとしてあたえられているのである。われわれは、そういうモデルを学びながら育ってきた。そして、その学習の痕跡は、心のどこかにのこっている。おそらく、こうした子ども時代の学習の結果は、いまわれわれが生きている人生の方向づけに、すくなからず作用しているにちがいない。漠然とした「ごっこ」あそびの段階を通過した子どもたちは、学校の教科書で、かなりはっきりした実在の人物の生き方を学ぶのである。どう生きるか、を子どものうちから教えておくことは、どのような社会にとっても基本的にだいじなことだ。だから、どこの国の教科書をとりあげてみても、かならず、生き方のモデルになるような伝記や逸話がちりばめられている。とりわけ、国家の統一とナショナリズムが目標になっている時代の社会では、国民ぜんたいの統合をはかる手段として、国家的な英雄が大きくクローズアップされる。社会主義諸国で、その国の指導者の肖像がいたるところにかかげられているのもその例のひとつだし、いま、総力をあげて国家形成を目ざしている発展途上国では、政府が国家的英雄を指定して、それらの英雄に学べ、という大キャンペインを展開中だ。ナショナリズムと国家的英雄物語とは、切りはなすことのできない関係にある。

すでに古典的ナショナリズムの時代を経過してしまった国——たとえば西ヨーロッパ諸国——でも、国家的な英雄はそれぞれの文化のなかにがっちりと根をおろしている。それらの国の都市の街かどには、しばしば国家的英雄の銅像がたっている。ロンドンのトラファルガー広場にはネルソンの像があり、パリのコンコルド広場にはジャンヌ・ダルクの像がある。かれらが代表するのは、過ぎし日の国家的栄光だけれども、人びとは、国旗や国家とともに、国家的英雄をけっして忘れないのだ。

銅像だけではない。英雄の名前は、たとえばアメリカではケネディ空港とか、リンカーン・センターとかいった施設の名前としてのこったりもするし、道路や地名に英雄の名前が使われることもある。さらに、どこの国でも、切手や貨幣にその国の英雄の肖像が刻みこまれているのは、われわれのよく知っている事実だ。日本では、聖徳太子や岩倉具視の像が紙幣に印刷されているし、折にふれて、さまざまな英雄が切手のデザインになったりもする。貨幣や切手のような、国の財政とかかわりのあるシンボルの守護神は、どこの社会でも、その社会の英雄たちなのである。国の歴史も、国民のひとりひとりの人生も、それぞれの国の英雄たちが見守っている。国は英雄たちに見守られることによって統合され、かつ安泰である。

だからこそ、子どもたちは、どこでも、英雄物語をあたえられる。英雄たちを、いわばみずからを映す鏡として子どもたちは育ってゆく。誘惑に負けそうになったとき、意気がくじけたとき、子どもたちは英雄の事績を思い出し、歯を食いしばって頑張るのだ。すくなくとも、発展途上国の友人たちの話をきいていると、国家的英雄こそが希望の星であり、それにむかって人びとが日々の努力をかさねている、という社会的事実がひしひしとよくわかる。

四

そうしたことをかんがえながら、日本の現実をながめてみると、わたしはひとつ重大なことに気がつく。それは、現代の日本には、生き方のモデルになるような英雄があんまり見あたらない、ということだ。いや、そもそも、どう生きるか、についての教育があんまりおこなわれていない、ということだ。

まず教科書のなかに、英雄物語がすくなくなった。皆無とはいわない。いくつもの感動的な物語はある。しかし、たとえば、ひと時代むかしにわれわれの世代が学んだような愛国的英雄は、もはやこんにち日本の教科書には見あたらない。偉大な政治家や科学者の伝記がいくつかあるけれど、それらの過半数は外国人である。日本の国家とかかわりあう英雄は、こんにちの子どもたちの文化のなかから姿を消してしまったようなのである。

課外の読みものでも、英雄の話はあんまり好まれていないようだ。児童図書の売場には、たしかにキューリー夫人、リンカーンなど内外さまざまの偉人の伝記がならんでいるけれども、かならずしも、それは人気のある書棚ではない。子どもたちは、マンガや探偵小説のほうに手をのばす。伝記を買ってやっても、あんまり読む気にはならないらしい。

これは、日本の現代文化史をかんがえるにあたってきわめて重大なことであるようにわたしには思える。すくなくとも、わたしの子ども時代には、たくさんの伝記があり、それらの伝記をわたしたちは、つぎからつぎへと読んだおぼえがある。もちろん、伝記というのは一般的にいって、子どもにとって小説ほどおもしろくもないし、またマンガほどわかりやすいものでもない。しかし、わたしたちの時代には、たとえば少年講談といったような、おもしろい文学形式があった。ややもすれば平板になりがちな伝記を、子どもむきの講談につくりかえ、それを活字にした少年講談は、わたしたちの同世代人に、大げさにいえば、血湧き肉躍る経験をあたえてくれたのである。豊臣秀吉、西郷隆盛、楠木正成……いろんな歴史上の人物の生き方は、一連の少年講談によってあたえられた。レオナルド・ダ・ヴィンチだの、ナポレオンだのもわたしは、こうした本で学んだ。もちろん、いくつかの人物のえらび方や、えがき方は時代の産物であって、したがって、こんにちの基準からみると、わたしが子ども時代に読んだ伝記は不適切であったり、あるいはまちがっていたりしただろう。しかし、これまで歴史上に生きた人びとの人生を学ぶことによって、じぶんの人生をかんがえる、という行動のしかたが、むかしの子ども文化にはあった。それが、いまは、かなりの程度まで失われてしまっている。

そのことがわるいことだ、というのではない。時代がかわったのである。あたらしい時代の子どもたちは、旧時代の人間とはちがった価値のなかで、あたらしい生き方を発見してゆくのであろう。それは、それでよい。だが依然として、わたしは、すくなからず気がかりなのである。お手本になるような人生のモデルが貧困な時代に、はたして、子どもたちはどんなふうにして人生の意味と方向を学んでゆくことができるのだろうか。

そのうえ、よしんば教科書的に、こう生きよう、という生き方のモデルがあたえられたとしても、子ども文化をとりまくマスコミは、あんまり崇高でない英雄たちをつぎつぎにつくり、それをばらまきつづけている。子どもマンガの主人公は、不良グループのリーダーであったり、あるいは、暴力的な超人であったりする。それらの主人公の生き方をモデルにして、子どもたちが悪い方向にひきずられる、などと速断することはまちがいだけれども、現代の若い人たちにとって、生きてゆく方向性は相対的によわくなっている。すくなくとも混乱している。若い人たちが、しばしば「生きがい」の喪失をうんぬんするのも、わたしのみるところでは、このへんのところと深く関係しているようだ。生きたいように生きる、という思い上りで、他人の人生から学ぶことを怠った世代は、結局のところ、人生の意味をつかむ手がかりを失ってしまったのである。

さらにいうならば、それは、現代の教育のなかにある技術主義が当然に支払った代償なのかもしれぬ。入学試験だけを目標にして、どんなふうに問題を解き、どんなふうに暗記するか、を「勉強」だと錯覚する教師や親たちは、それぞれの子どもが、それぞれに生きるかけがえのない人生をどう生きたらいいか、という根本問題をいつのまにかすっかり忘れてしまったらしいのだ。人生の意味を勉強しなかった子どもは、たとえ一流大学に入り、一流企業に就職したとしても、不幸な人生をしか送れないだろう。

情報時代の自己教育

一

人間の心というものは、そとがわから情報をとりいれることによってつくられてゆくのだ、というかんがえ方は、これまで哲学者たちによって、とりあげられてきた。たとえばロックのような、イギリスの経験論の哲学者は、人間の心とは、もともと、「なにも書かれていない紙」のようなものだ、とかんがえた。「白紙」と訳してもよい。とにかく、なにもない状態で、人間の赤ん坊はうまれる。ところが、その「なにも書かれていない紙」に、つぎつぎに、いろんなことが書きこまれてゆく。まず、母親がよびかけ、赤ん坊の心のなかには、いくつかのことばが書きこまれる。赤ん坊は、やがて目をひらいて、母親の顔をおぼえ、身のまわりにある事物や、動物、植物などをつぎつぎにおぼえてゆく。「白紙」のうえには、こんなふうにして、いろんなものが書きこまれ、心は、だんだんゆたかになってゆく。

誰でも、じぶんの幼かったころのことを思い出してみれば、それぞれに、思いあたるところがあるはずだ。われわれは、例外なしに、さまざまのものや現象をひとつずつおぼえて成人してきた。一、二歳のころはともかくとして、三歳くらいになれば、絵本をあたえられ、ひとつひとつのものの名前を、たとえばウマだとかイヌだとか、あるいは自動車だとか、飛行機だとかいうふうに学習したのである。べつに教えられたからおぼえた、というのではない。子どもの心のなかには、ものの名前を知ろうとする、すさまじいばかりの好奇心があり、ひとつひとつのものを指さしては、これは何、と親やおとなに質問する。

ものの名前を知るということは、とりもなおさず、ことばをおぼえる、ということであり、それは、人間の心のなかに、「情報」がすこしずつ蓄積されてゆく、ということでもある。ものの名前をひとつおぼえる、ということは蓄積される情報量が、それだけふえた、ということである。子どもたちは、ほとんど本能的に、こうして、つぎつぎに情報をそれぞれの個体のなかにたくわえ、またふやしてゆく。

六歳になると、子どもは学校にゆく。乳幼児期に、主として母親だの兄弟といっしょに生活しながらたくわえた情報量では、とうてい、現代社会で生活してゆくのには不十分である。だから、学校という制度を現代の社会はつくった。ついこのあいだまでは、こういう制度なしで、人間は生きてきたのだが、これだけ社会が進化すると、どうしても、そこで生きてゆくための共通の基礎情報を社会は必要とする。だから学校へゆく。日本をふくめて多くの文明諸国では、学校での十年ちかい教育は義務になっている。そして、そこでは、たとえば、より正しくゆたかなことばを使うための訓練、数をあやつることの訓練などがおこなわれる。こうした、一連の学校教育によって、「白紙」には、ますます多くのことが書きこまれる。うまれたての赤ん坊が、さいしょのことばをおぼえたとき、あるいは、さいしょの事物を認識したその瞬間に、「白紙」には、ひとつのシミが落ち、その後、急速に、そのシミは数とひろがりをふやしてゆく——経験論の哲学者は、人間の心のかたちができてゆく過程を、そんなふうにとらえたのであった。

シミがひろがり、そして厚さを増してゆくということは、情報蓄積がふえてゆくということである。人間の精神作用というのは、こうしたかんがえかたに立ってみれば、情報蓄積の問題と深くかかわりあうし、また、そもそも教育というのは、人間に情報をうえつけるための作業であって、したがって、教育は情報行動なのである。人間の心は、情報をたくわえることによってゆたかになる。そして人間の心は、つぎつぎにさまざまなことを学びとり、それをたくわえるという、おどろくべき能力をもっているものなのだ。

人間が情報をたくわえる機能とは、すなわち記憶ということである。たとえば、われわれが、初対面の人に会ったときのことを思いうかべてみよう。その人には、これまで、一面識もない。われわれは、互いに自己紹介をする。名刺を交換する。そして、その相手が、たとえば山田さんという人である、ということを知り、またその山田さんが、どういう顔つきの、どういう話しかたをする人であるか、といったことまでおぼえる。おぼえる、というのは、記憶する、ということである。そして、何日かたって、ふたたびその人に会ったときには、やあ山田さん、先日は失礼しました、といったようなアイサツをする。蓄積され、記憶された情報は、一定の条件のもとで、すぐに再生されるのだ。ちょうど、それは、録音済みのテープをまわすと、記録された音がたちどころに出てくるようなものだ。記憶は再生できるのである。

もちろん、ある程度までは生まれつき、ある程度までは修練の問題ということになろうが、人間の記憶力には、多少のバラツキがある。いちどおぼえたことは、けっして忘れない、というものおぼえのいい人もいるし、またなんべんおぼえようとしても、すぐに忘れてしまう人もいる。しかし、記憶力のよしあしはべつとして、とにかく人間には、情報蓄積の能力がある。そして、その蓄積の過程は、べつなことばでいえば「経験」ということだ。いろんな場面で、いろんな問題にぶつかった人間は、それだけ多様な情報を蓄積した人間ということであり、そういう人のことをわれわれは、「経験」をつんだ人、「経験」のゆたかな人、といったことばで呼ぶ。子どもだの若い人たちは、「経験」ゆたかな人からみれば、まだ「経験」が足りない、ということになる。

人生というのは、こうかんがえてくると、ひとりの人間の情報蓄積のプロセスなのである、といってもいいだろう。わたしは、学校をひきあいに出して、教育というものが、「白紙」にいろいろなことがらを書きこんでゆくのだ、とのべたが、情報蓄積というのは、べつに学校教育だけによっておこなわれているのではない。いや、学校教育というのは、そもそも、どうやったら情報の蓄積ができるかという技法を教えるものであって、人間にとっては、むしろ、学校教育を修了してからあと、ひきつづき、一生をつうじて、あたらしい情報を吸収してゆくことがだいじなのだ。情報蓄積は、一生のあいだ、つづくものなのである。

二

現代の社会には、人間が情報蓄積をつづけてゆくにあたって必要な、あらゆる便宜がととのっている。英語の勉強がしたければ英会話の学校があり、外国に行って「経験」をゆたかにしたければ、月賦で外国旅行することもできる。なにかについて知りたければ、簡単なことは百科事典が教えてくれるし、専門的なことがらについては、おびただしい数の書物をひらけば、たいていのことはわかる。知ろうと思って、知ることのできないことは、現代の社会には、ほとんどない、といってもよい。どんな情報でも、自由に手にいれることのできる便宜とチャンスを、現代社会は用意しているのだ。人間のがわに、それを求める好奇心があるかぎり、われわれは、いくらでも多くのことを「白紙」のうえに書きこみ、経験をふくらませてゆくことができる。そして、貪欲なまでの好奇心によって、なんでも知りたい、というのは青年の特権だ。小田実は、その世界旅行の記録を出版するにあたって、『何でも見てやろう』というタイトルをつけた。それは、まさしく青年の、世界認識のための、ごくあたりまえで、しかももっとも健康なかんがえかたであろう、とわたしは思う。

そして、さいきんの脳生理学などのあたらしい学問がおしえてくれるところによると、人間の頭脳は、ほとんど無限に情報を蓄積することのできるだけの容量をもっている、という。もしも、人間の情報蓄積のいれものである頭脳が、小さな容量しかもっていないのなら、情報はあふれ出してしまうだろうが、じっさいには、底の深い大きないれものなのであるから、いくらいれてもだいじょうぶ。だから、とりわけ、人生のなかでもっとも精神活動のしなやかな青年期には、まさに「何でも見てやろう」の心がまえで、なんでも見、なんでも聞き、なんでも食べてみたらいい。そんなところで、控え目になっていたのでは困る。大いに、情報については、欲張りであってよい。

しかしこのことは、われわれおとなの世界では、しばしば忘れられがちである。というのは、幼児期や少年期とちがって、人間はおとなになると、大いに分別くさくなり、ややもすれば、「何でも見てやろう」の精神を失いがちだからである。なるほど、われわれわれは、小学生のころまでは、なんでも知りたがった。親からうるさがられるほど、これは何、これはなぜ、というふうに、あらゆることがらについて好奇心にみちた質問を発した。親だの先生だのは、そういう質問攻めにあって、困るほどであったりもした。いわば、外界のあたえてくれる、さまざまな情報を、息をもつがせず、せっせと頭のなかに汲み上げてくるひたむきな姿勢がここにはあった。

ところが、中学から高校にかけて、人間は微妙な時期をむかえる。簡単にいえば、一種のはにかみのようなものがうまれ、あからさまな好奇心の発動がすくなくなるのだ。これは何、なぜ、という、あの子ども時代の旺盛な好奇心に、抑制がかかるからである。幼いころには、知らない、ということがすこしも心理的に負担になったりはしないが、十代のなかばになると、知らない、ということが恥ずかしい、という気持ちをよびおこすのだ。ほんとうは知らないのだけれど、知らない、というとひとに笑われるのではないか、という不安がある。だから、知らないのに、知っているようなフリをする。要するに好奇心にフタをしてしまうのだ。

知らないことを、すなおに知らない、といい、知る努力をすれば、情報の蓄積は子ども時代とおなじように、ぐんぐんふえてゆくだろう。ところが、「知らない」というひとことを言えないために、ほんとうはふえてゆくはずの情報がふえない。むかしから、「聞くは一時の恥、聞かぬは一生の恥」というコトワザがある。「知らない」ということばを口にするのは、恥ずかしいことかもしれないが、知らないくせに知ったようなフリをしていることは、一生知らぬままですごすということであって、したがって「一生の恥」というわけだ。

むき出しの好奇心にブレーキをかけて、はっきり「知らない」といえず、そして、それを恥ずかしい、と思うようになるのは、それだけ自我意識が確立した、ということにほかならないわけだから、いちがいに、それをわるいことだ、とは思わない。しかし、知りたいという欲求をおさえて、知ったかぶりをする、というのは人生の生きかたとして、大きなマイナスなのではないか。頭のなかには、まだ、いくらでも情報は入る余裕がある。好奇心にブレーキをかけるのは、けっして賢明なことではないのだ。

だが、こうした知ったかぶりは、まだよい。さらに困るのは、二十歳そこそこで、世界のことはすべてわかった、という増長慢になってしまう人たちである。それは、ひとえに現在の日本での教育制度、あるいは教育観とかさなりあった問題なのかもしれないが、学校教育がおわると同時に、情報の吸収をぴったりととめてしまう人がすくなくない。つまり、知るべきことは、すべて、学校で知りつくしてしまった、というまちがった思いこみが、これらの人びとを支配しているのである。しかし、すこしかんがえてみればすぐにわかることだが、学校を卒業したから、それで現代の人間の知っていなければならないすべてがおしまい、といった観念は、むしろ滑稽だ。学ぶべきこと、おぼえるべきことは、無限である。人間の向学心、あるいは好奇心は、その無限の世界にむかって、いつも積極的にかかわりあっていなければならない。ほんのちょっぴりの知識を学びとったから、といって、ごう慢になったら、そのとき、人間の精神は成長を停止したのだ、といってもよい。

ユネスコでは十年ほどまえから、「生涯をつうじた継続的な教育」(continuous life-long education) というかんがえ方を提唱している。人間が外界の情報をとりいれてみずからをゆたかにしてゆくプロセス、すなわち教育といういとなみは、人間の人生をつうじて、継続していなければいけない、というわけである。社会の高度化したこんにち、このかんがえ方は、きわめてだいじだ、とわたしは思う。青年期というのは、積極的に情報をとりこむための人生のスタートだ。学校教育がおわったから、教育はおわりだ、とかんがえる人がいるとしたら、その人は、現代人として最大の誤りをおかしているのである。

三

それは、現代のわれわれをとりまく環境をかんがえてみると、まことに残念なことといわなければならない。なぜなら、すでにみたように、現代社会では、知ろうとさえすれば、なんでも知ることができるようになっているからである。図書館もあるし、百科事典もある。学校の先生をはじめ、専門知識をもった人もたくさんいる。ものを知ろう、とする知的好奇心を満足させてくれる、ありとあらゆる手段がいまの社会には用意されている。

こんな時代は、これまでになかった。第一に、十九世紀までの世界では、そもそも知ろうと思っても、知識というものは、一部の人に独占されているのがふつうであった。教育が一般にゆきわたっていなかったから、文字というかたちになった情報を手にいれる能力を欠いていたし、仮に文字を書きつけた書物や記録があったとしても、それは、一部の学者や貴族や僧侶だけの独占物であって、ふつうの人間は、見ようと思っても、見せてもらえなかった。

そのうえ、そうした書物は数がすくなく、学者だって、いまの基準からみたら想像もつかないような不自由な状態であった。民衆のがわにも好奇心は、あまり開発されていなかった。知ろうとする人もすくなく、知るべきこともすくなかったわけだから、そういう社会は、ぜんたいとして、情報活動のきわめて低い社会であった、というべきであろう。人間がうごきまわれば、それだけ「経験」の量がふえることになるわけで、それも情報活動を活発化するものだけれど、ついこのあいだまでの社会では、人間は、おおむね生まれてから死ぬまでおなじところに住みつづけていたのがふつうであった。だから、情報量は、そんなにふえることがなかったのである。

二十世紀になると、情報量はふえたし、教育の大衆化も進行したけれど、日本のような社会では、すべてのことがらについて知ろうとすることはゆるされなかった。国家が一定の方向に沿った情報しか国民に提供しなかったからである。「何でも見てやろう」という自由な好奇心と、その好奇心にこたえてくれるゆたかで自由な情報を社会が用意するようになったのは、第二次世界大戦後、つまり、過去二十五年間ほどのあいだに起きた、まったくあたらしい事態だったのだ。そのあたらしい時代のなかで、いまわれわれは生きている。

とりわけ、いちじるしい情報環境の変化は新聞、ラジオ、テレビといった一連のマス・コミュニケーションの媒体が大規模化したということであろう。これらの媒体は、絶え間なく、おびただしい量の情報を生産し、それを全社会にむけて吐き出しつづける。われわれが眠っているあいだも、電波は世界じゅうをかけめぐって、あたらしいニュースをつたえあっている。ラジオやテレビのスイッチをいれれば、圧倒的な量の情報が目に耳にとびこんでくるし、新聞をひらけば、同時代の世界の各地でどんなことが起きているかについての情報がぎっしりとつまっている。

それればかりではない。友人や知人と話したければ、電話をとりあげてダイヤルをまわしさえすればよい。いくらでもおしゃべりはつづけられる。手紙や葉書もくる。週刊誌・月刊誌は、街角や駅頭に山のように積みあげられている。もう、どうにも処理しきれないほどたくさんの情報にかこまれて、われわれ現代人は生きているのだ。現代社会は、ひとことでいえば、情報にみちあふれているのである。

じっさい、かんがえてみれば、いまの時代は、じつにけたたましい時代である。いろんなニュース、いろんな意見が、いつも、耳もとでガンガン鳴っているような感じさえする。だから、現代を「情報洪水」の時代だ、という人もある。たしかに、これは洪水だ。いくら人間の頭脳の情報容量が無限だといっても、これでは、たまらない。

しかし、「情報洪水」をけしからん、とか、困ったことだ、とかいうのは、ゼイタクというものだ。ちょうど、それは、物資がありあまって、ゆたかな生活をしている状態を非難するのとおなじようなもので、みち足りているから、あるいは、みち足りすぎているから、貧しい状態を想像することができなくなってしまったことの結果なのである。食べるものさえない不満な状態にくらべたら、ゆたかな時代のほうがどれだけ人間にとってしあわせなことかわからない。情報についても、まったくおなじことがいえる。こんにちのように、あふれるばかりの情報にとりまかれているというのは、たしかに困惑をひとに感じさせるけれども、情報が欠乏している社会にくらべれば、情報のゆたかな社会のほうが、ずっといい。情報がゆたかすぎることを、ブツブツいうのは、やめたほうがいい。

とはいうものの、これだけたくさんの情報が社会的に流通しはじめると、たしかに、われわれは目移りがする。ちょうど、たくさんの種類のたくさんの銘柄のカンづめだの石けんだのが、山のように積まれたスーパーマーケットのなかで、消費者が戸惑うのとおなじように、こんなにたくさんの情報があると、どれをえらんでいいのか、さっぱりわからないのだ。

それに、カンづめのばあいと情報のばあいとでは、だいぶ様子がちがう。カンづめは、おいしそうだったら、ちがった種類のものをいくつか買っておくこともできるだろうが、情報のばあいには、ひとつを入手したら他を入手できない、というような事態がしばしば発生する。

たとえばテレビやラジオの番組をかんがえてみてもよい。日本の大都市の周辺では、テレビの電波が五つか六つ、ラジオもそのくらいある。両方あわせて、合計十いくつかの電波が、われわれのまわりにひしめきあっているのだ。しかし、たとえそのぜんぶがおもしろそうであっても、ひとりの人間がきいたり見たりすることのできるのは、そのひとつでしかない。あるテレビ局である時代劇を見る、ということは、他のテレビ局やラジオ局でまったく同じ時間に放送されている映画やニュースや音楽を見たりきいたりすることができない、ということである。つまり、算術的にいえば、人間がある任意の時間に接触することのできる放送というのは、潜在的な全情報量の数パーセントにすぎない、ということになる。

それなら、見ることのできなかった番組、きくことのできなかった番組をテープに収録しておいて、あとで再生すればいいではないか、という意見もあるかもしれないけれど、十数局の放送をそれぞれ一時間ずつ収録してそれを再生するということは、十数時間の時間を必要とするということだ。どっちみち、人間の持ち時間というのは有限なので、その十数倍の時間をかけて、あらゆる情報を手にいれるということは、とうていできた相談ではない。

要するに、かつての社会とちがって、現代社会における情報は、その総量からいって、一個人には、とうてい消化しきれないのである。アイザック・ニュートンは、知識を追求する人間のすがたを、大海を目のまえに見ながら、砂浜でたわむれている子どものすがたにたとえた。われわれが、「生涯教育」の覚悟をかためて、一生をたえざる勉強のプロセスとして生きつづけることができたとしても、われわれが頭のなかに汲みいれることのできる情報量はかぎられている。まえにみたように、いくらいれても、ほとんど底抜けの容量を人間の頭脳はもっているから、いれもののほうは、だいじょうぶだけれども、情報を汲み入れるためのポンプの能力に限界があるのだ。

四

そこで、問題になるのは、情報えらびの問題である。とにかく、全社会的に生産され流通している情報量はやたらに多いのである。人間は、その一部だけ吸収して一生をおえるのであるから、それぞれの人間の人生が充実しているかどうかは、ひとえに、その人間が、どれだけ有効に情報を選択したかにかかっている。じっさい、もしも、人間に優劣があるとするなら、それは、先天的な能力の問題ではなく、後天的な情報選択能力にある、とわたしは思う。はやいはなし、いまこうしているこの時間に、テレビのドタバタ喜劇をみてぼんやりとすごしている人もいるだろうし、専門書を読んでいる人もいるだろう。パチンコをしている人もいるし、ボウリングをしている人もいる。家族とおしゃべりしている人もいるし、レコードをきいている人もいる。そのいずれもが、それぞれにじぶんの時間を自由につかっているわけで、どれがよく、どれがわるい、といった価値評価はむずかしいが、どのような情報にどんなしかたで触れあっているか、が、それぞれの人間の人生をつくっている、という事実ははっきりとお互いにみとめなければならないだろう。情報の質が人生の質をきめるのだ。

情報をえらぶことが、人生をえらぶことである、という事情を、わたしは、以上の議論でのべてきた。いい情報だけをじょうずに汲みこんだ人の人生は充実しているし、くだらない情報だけを汲みこんだ人の人生は索漠としている。どっちみち、いちどしか生きない人生なのだから、それは充実したものであるにこしたことはない。できるだけ、いい情報だけをえらんで、じょうずに生きたい――誰でも、そう思うだろう。

しかし、問題は、どうやったら、いい情報だけをじょうずにえらぶことができるか、ということである。

学校生活のなかでは、情報のたしかさを保証してくれる指導者として先生がいる。しかし、学生時代はそれでいいとして、社会人としては、いったいどうしたらいいのであろうか。身のまわりを見わたしても、とくに専門家というのはいない。われわれは途方に暮れるのみなのである。

さしあたりの方法として、われわれはもっと、批評というものに注意をはらってよい。たとえばいい本を読みたかったら、新聞、雑誌などの書評欄を丹念に読むことからはじめることである。書評欄には、毎日数十冊というおそるべきスピードでつぎからつぎへと刊行される新刊書のなかから、目ぼしいものをえらび、それぞれの書物にどんなことが書いてあり、その長所や欠点もきちんと分析して整理されている。書評をする批評家たちは、いわば経験の深い、専門の読書家であるから、その判定はおおむね信頼がおける。ひとりで、まったく予備知識も準備もなしに本屋さんにとびこんで手あたりしだいに本を買いこむことにくらべたら、あらかじめ、批評家の意見を読んで、それを参考にするほうが、ずっと危険率はすくない。

じっさい、社会学者のダンカンは、現代社会における「批評」の役割は、要するにおびただしい量の情報のなかから、よいものとわるいものとをきっちりとえらび出し、よいものを、一般の読者につたえることにある、といっている。ちょうど、それは、いろんなまじりもののある水を濾過して、まじりものをとり去るフィルターのような役割だ。もちろん、ひとりひとりのふつうの読者が、それぞれにたくさんの本を読み、よいものとわるいものを選別するというのも、わるいことではないけれど、せっかく、読書についての専門家がいて、そのへんの整理をきっちりしてくれているのであるから、あんまりツムジ曲りの態度はとらずに、すなおに批評家の意見に耳をかたむけるのがいいのではないか。

もとより、批評家のすべてが、つねに公正だとはいえない。批評家も人間であるから、まちがうこともあろうし、また、世界じゅうのあらゆる問題について、なにもかも知っているわけではない。だから、あんまり批評家にたより切ってしまうのは考えものだ。だが、目安として、批評というものは、情報選択にあたって、たいへんに役に立つ。

ところで、批評家というのは、なにも、専門の職業的批評家にかぎられているわけではない。もっと手近なところにも、すぐれた批評家がたくさんいる。それは、友人たちだ。映画についてであれ、あるいは読書についてであれ、友人というのは、しばしば、最良の相談相手である。なにかおもしろい映画はない？　ためになるいい本を知ってない？——そういう問いを友人たちにぶつけてみたらいい。かならず、誰かが教えてくれるはずである。いや、そうした、情報選択についてしっかりした意見をもっている人間たちこそがよき友人なのである。職業的批評家だの先生だのも案内係りとして、たいへんに有能だけれど、立派な批評家は、友人たちのあいだにもいるはずである。それらの友人たちと、さまざまな情報について、合評会をするのもいいだろうし、書物を主題にして、読書会などをやってみるのもよいだろう。そして、そういう経験をつみかさねることによって、だんだん、人間は、情報についての批判的なものの見方を身につけてゆくことができる。批判的な見方ができるということは、批評ができる、ということだ。その批評能力こそ、情報選択の能力の基本なのである。

II

教養とはなにか

一

　さいきん読んだ本のなかで、もっとも感激したもののひとつは、小川環樹、武部利男両先生による『三国志・通俗演義』（岩波書店）であった。いうまでもなく、これは中国の古典『三国志』をわかりやすい日本語に現代語訳したもの。わたしは、この本を手にして旅行に出たのだが、数時間の汽車の旅が、ほんとうに、あっというまに過ぎてしまった。

　なぜ、そんなにこの本に熱中してしまったのであろうか。ひとことでいうならば、第一ページをひらいた瞬間から、少年時代の記憶がありありとよみがえってきたからである。まず、あの有名な「桃畑の誓い」の場面からはじまるこの小説には、ここ三十年ほど、ほとんど忘れかけてしまっていたなつかしい名前がつぎつぎに出てくる。玄徳、関羽、張飛の三人組を中心に、曹操が出てくる。呂布が出てくる。袁紹が出てくる。いうまでもなく諸葛孔明が出てくる。こうした数々の英雄豪傑に少年のころのわたしは、すっかり魅了されてしまっていた。

そして、この人物たちが織りなす、これまた有名な場面も、読みすすむほどに続々と出てくる。いわく「赤壁の戦い」、「連環の計」、こうした場面にどれだけわたしが胸をおどらせたことであったろうか。じっさい、「三顧の礼」とか「泣いて馬謖を斬る」とかいったような成句をわたしがおぼえたのは、子どものころに『三国志』を読んだときであったし、また、「出師《すいし》の表」だの「星落つ秋風五丈原」だのといった章を読んだときには、子どもながらに涙を流したおぼえもある。とりわけ「五丈原」のくだりは、中学生になってから漢文で読んだし、さらに、詩吟というものを習ってからは、一種の悲壮美の詩としてなじんだことのある場面でもあった。

そうしたすべてのことが、ほとんど爆発的にわたしの心のなかによみがえった。じじつ、この小川、武部両先生による訳本は、もと『少年三国志』という題で雑誌に連載されたものであったから、さらにはげしくわたしを少年時代にひきもどしてくれたようである。なんだかわたしは、タイム・マシンにのって子どものころに逆もどりしたような気持ちになった。

そして、そのなつかしい気分にひたりながら、わたしはそもそも日本人にとっての『三国志』とは、どのようなものであったのだろうか、とかんがえた。

いうまでもないことだが、『三国志』は、後漢から晋までの中国の歴史にもとづいた歴史小説である。作者は十四世紀の人で羅貫中。その波瀾万丈の物語は、古くさいいいかたかもしれないが、血湧き肉躍るおもしろさをそなえており、日本でもかなりむかしから日本語訳がつくられ、元禄時代には、全五十巻の『通俗三国志』が湖南文山の手によって日本語になっている。江戸時代にも数多くの版本が出たし、明治以後もたくさんの『三国志』が出ている。われわれの世代だと、子ども時代には子ども読みものとしての『三国志』でまず入門し、中学生以上になってから吉川英治さんの『三国志』を読む、といったようなパターンをたどった。だいたい、二回や三回は、諸葛孔明の大活躍を、こんなふうにして読みかえしたのである。

ということは、元禄時代からこんにちまで、およそ三世紀にわたって日本人は『三国志』を愛読しつづけてきた、ということを意味する。なにも本だけではない。講釈のなかにも『三国志』はしばしば織りこまれてきたし、本だって、活字だけのとっつきにくいものではなく、大衆読物として、さし絵がふんだんに入っているのがふつうであった。だから、『三国志』のなかの成句や逸話は、日常の会話のなかにもちりばめられている。前記の「三顧の礼」などは、こんにちでも、たとえば重要な役職に就任してもらうように懇請するばあいなど、ほとんど紋切型の表現として使われている。いいかえれば、『三国志』は、その原産地が中国であるにもかかわらず、『水滸伝』や『西遊記』とならんで日本の国民文学のひとつとしてかんがえることができそうなのだ。それは、日本人ぜんたいが共有している基本的な知識と教養の一部を形成してきたのである。

二

ところが、こうした日本人ぜんたいに共通する文学的素養のようなものが、どうやらわたしのみるところでは、いま急速に崩壊の一途をたどっているようなのである。「三顧の礼」などといっても、その意味がわかる人はだんだん減っているし、「死せる孔明生ける仲達を走らす」などという成句を使ってみても、若い人たちは、おおむねキョトンとしているだけだ。だいたい『三国志』という書物の名前さえ知らない学生もいる。知っていても、それを読んだことのある人はあんまりいない。

べつだん『三国志』だけにこだわるわけではない。ついこのあいだまでは、日本人がほとんどひとりの例外もなく知っていたような国民的教養がいつのまにかなくなってしまった。いささか唐突なようだけれど、落語などもたくさんの人が知らなくなってしまった。

たとえば、有名すぎるほど有名な「花見酒」という落語がある。いうまでもなく、八、熊のふたりが、花見の客を目当てに酒樽をかついで酒を売りにゆく。途中で、八がいっぱい飲みたくなり、熊に金を払ってその商売ものの酒を飲み、それを見ていた熊が、こんどはそれでは俺も、というので八に金を払っていっぱい飲む。それをくりかえすうち、酒は一滴もなくなる。売り切れたわけだから、さあ、ずいぶん儲かったろう、と思うとさにあらず、要するに、一枚の貨幣が八、熊両人のあいだを往復していただけなのだから、一文も儲かってはいなかった、というお笑いである。

こうしたことは、われわれの日常生活のなかにもよくあることなので、似たような状況に出くわすと、「まるで花見酒だね」といったような表現を使う。じっさい、経済というのはしばしば「花見酒」的であって、笠信太郎さんは『花見酒の経済学』という書物で日本の戦後の経済を論じられたこともあった。「花見酒」ということばは、日本人の基礎教養の一部なのだ。

「花見酒」だけではない。知ったかぶりのキザな人物をわれわれは「酢豆腐」でたとえ、毒食わば皿まで式の図々しい行為を「居残り佐平次」で語り、そして、酒を飲んでがらりと人柄がかわってしまうのをみると「らくだ」を思い出す。落語というのは、人間と人間のつくり出す社会状況のいくつかの典型をおどろくほどの鋭さでみごとにとらえた大衆文芸であって、日本の社会についてかんがえるばあい、落語というものを多少は知っていないと困るのである。そして、日本人は、代表的な落語をお互いの共通知識として生きてきているように、わたしには思える。

ところが、若い世代の人たちには、そういう知識がまったくない。社長さんがゴルフ狂で、社員をつかまえてはゴルフの自慢話ばかりしている、これじゃ、さっぱり仕事がはかどらない、とこぼしている若いサラリーマンがいたから、「〝ねどこ〟みたいな話だね」と言ったら、さっぱり話が通じない。素直な青年らしく、かれは率直に「〝ねどこ〟って何ですか」とたずねた。わたしは、店の主人が義太夫に凝って、番頭から小僧まで大迷惑をうける「ねどこ」の話を要約してさしあげたのだけれど、どうも解説つきで冗談をいう、というのは白けた話で、あんまりおもしろくなかった。

もちろん、落語をたくさん知っている人間がえらい、といっているのではない。しかし、以上にあげたような一連の代表的落語などは、大げさにいえば日本国民の基礎教養なのではないか、とわたしはかんがえるのだ。いくつかの物語を共有しないで、「文化」というものはたぶん存立しえない。そして、ついこのあいだまで、われわれ日本人にとって『三国志』も落語も、そういう共通の物語なのであった。学歴とか職業とかにかかわらず、誰でもがこれらの物語をなにほどかは共有していたからこそ、お互いをおなじ文化のなかに生きる人間としてみとめあい、安心しあうことができていたのである。たんに、おなじ言語をわかち合うだけでなく、その言語によって綴られた文芸をわかち合うこと——どんな文化にとっても、それは基本的にだいじなことなのである。

神話だの、お伽話だのもその例だといってさしつかえない。どんな社会でも、その社会にあらたに加わった幼い子どもたちは、むかしから語りつたえられる物語に耳をかたむける。日本でいえば、さしずめ「桃太郎」だの「浦島太郎」などがそれにあたるだろうし、アングロ・サクソンの文化のなかでは「マザー・グース」といった歌謡集がすぐに浮かんでくる。キリスト教の諸国だったら、多かれすくなかれ、聖書というものが基礎教養を形成する。

じっさい、たとえばアガサ・クリスティーの一連の推理小説などを読んでいると、「マザー・グース」のたぐいが謎解きの重要な手がかりになっていたりもする。イギリス人なら、たちどころにその基礎教養を動員して、かくされた意味を理解することができるのだが、われわれにはそのおもしろ味がわからない。わかるとしても、解説されてはじめてわかるのだから、じつのところなんとなく間が抜けている。われわれにとって、「文化」というのはそういう性質のものなのだ。

三

ところで、だいじなことは、これらの国民的教養というものが学校で教えられるものではない、ということである。「桃太郎」にしても、落語にしても、あるいは「マザー・グース」にしても、それらは学校の教科書にのっている物語や歌なのではない。親が子どもの枕もとで話してやったり、あるいは子どもが本屋でえらんで読む本に書いてあったり、というふうに、学校以外の場ですこしずつ身につけてゆくものなのである。

そして、かんがえてみればすぐわかることだけれども、そもそも歴史的にみて、学校などというものが存在していなくても、教養というものは、しぜんにお互いが獲得してゆくことができたのである。いや、学校教育は、こうした基礎教養にプラスしてなにものかを教えるという、一種の補助的な新発明なのであった。人間の社会というのは、すくなくとも何千年かにわたって、学校のごときものをもたないで成立してきたし、そういうなかでも、それぞれの文化はそれぞれに基礎教養をゆたかに用意することができていたのであった。

そして、そうした事情をかんがえればかんがえるほど、わたしはこんにちの日本人がひたすら「学校」を重視するあまり、基礎教養というものをさっぱり忘れてしまっているのではないか、という疑問をおさえることができない。

なるほど、学校での教育をしっかりと身につけた人はたくさんいる。しかし、日本人として、学校なんかとかかわりなく知っていなければならない基礎の教養と知識がそれと反比例して減っているようなのだ。それぞれの道で立派な教育をうけた人が、たとえば『三国志』を読んでいない、とか、落語、講談のたぐいを知らない、とか、あるいは「百人一首」をいちどもやったことがないとか、そういうふしぎな事態が出現しているのではないか。じじつ、「ねどこ」って何ですか、とわたしに質問した青年も、一流大学を優秀な成績で卒業したいわゆるエリートのひとりだったのである。

なぜこんなことになったのであろうか。ひとつの理由は、いうまでもなく受験教育だろう。子どもや若ものたちは、試験勉強にエネルギーと時間をすっかり吸いとられてしまっているから、これまで何世紀にもわたって日本人が共有しつづけてきた基礎教養を身につけるチャンスをほとんどもたないまま成長してしまった。母親たちにしたところで、子ども部屋をのぞいてみて、算数のテスト帳などを前に勉強していれば安心するが、落語全集などを読んでいたら、たいていは叱りつけるのである。試験に関係のない本を読むのはムダだ、という、おそるべき信念が日本の親たちを支配しているのだ。

それにくわえて、核家族化の進行といった社会構成上の変化もある。かつての日本の家族では、お伽話だの、伝説、ことわざだのを子どもに語りつたえるのは主としておばあちゃんの役割であった。親と子ではなく、祖父母と孫の関係のなかで、国民的文芸のようなものは伝承されていたのである。ところが、子どもが祖父母の世代から切りはなされて生活するようになったため、その伝承の鎖が切断されてしまった。ひょっとすると、いまの日本の幼い子どもたちのなかには「猿カニ合戦」や「かぐや姫」の話をきくことなく成長している子どもがすくなくないのではないか、とさえ疑いたくなる。

四

しかし、そうしたもろもろの理由のなかでいちばん強力な理由は、おそらく、日本人お互いのあいだで日本の国民文化というものにたいする自信と誇りがかなりぐらついてしまっている、という事実なのではあるまいか。なんとなく、「桃太郎」だの『三国志』だの、あるいは落語、講談、伝説などといったものは時代おくれで古くさいもの――そういう一般的な気分が、たしかにわれわれの心の片隅にある。じっさい、ここまでのわたしの文章を読んでこられた読者のなかにも、なにをいまさら、バカバカしい、古いねえ、という反応をなさったかたもあるだろうし、なかには落語ときいただけで、下品だわ、と顔をしかめていらっしゃるかたもあるだろう、とわたしは推測する。

そうした反応が生まれるのも無理はない。というのは、ここ三十年間にわたって、日本には一種の文化的清算主義のようなものがゆきわたってしまっているからである。すなわち、日本のむかしからの文芸というのは、封建主義の産物だから、ことごとくご破算にすべきだ、という奇妙な思想によって、むしろ意識的に、日本人にっての基礎教養を否定するうごきが目立つのである。なかには、「桃太郎」だの「浦島太郎」だのというのは「非科学的」な話だから子どもに教えないほうがよろしい、などというバカげた議論をする人もいる。

そんなわけで、もっとも民主的にしてハイカラな母親というのは、日本の国民文芸である昔ばなしなどを頭から相手にせず、たとえばアンデルセン童話集、といったものによって子どもをそだてたりする。アンデルセンも結構だ。子どもの文学として、アンデルセンはわるくない。わたしはそのことに反対ではないのだけれど、日本の国民文芸を否定してアンデルセンというのはおかしいのではないか。ものごとには順序というものがある。

母親たちだけではない。出版社だの教育関係者にもずいぶん罪がある、とわたしは思う。児童文学については、たくさんの研究がなされ、その研究を活かしながらたくさんの児童図書が発行されてきたけれども、子どもや若ものたちのための、わかりやすく、おもしろい『平家物語』だの、『水滸伝』だの、あるいは『太平記』だのをあたらしくつくる、という努力があまりなかった。むしろ、バタくさいハイカラ趣味をもって青少年文化の向上と錯覚することが主流を占めた。NHKが連続放送をはじめたおかげで、『里見八犬伝』の児童むけ現代語訳が数種類、出版されたのは、さいきんよろこばしいことであったけれども、こんなことでもないかぎり、日本人がながいあいだ語りついできた国民文芸は、文字どおり風前の灯なのである。

そんなことをいっても、現代っ子は、カビのはえたような古い話なんかに興味をもつはずがない、といったような説をなす人もいる。時代はめまぐるしくかわっているのだから、『三国志』など、読ませようとしても読まない、というわけだ。しかし、その説は、勝手な思いこみに根ざしている。私事にわたって恐縮だが、わたしはかつてホノルルで暮らしているあいだ、大学の図書館で昭和五年刊の「少年講談全集」というなつかしい本を見つけ、それをうちの子どもたちに読ませたところ、こんなにおもしろい話が日本にあったとは知らなかった、と子どもたちは夢中で読みふけった。「寛永御前試合」、「真田十勇士」、「塚原卜伝」、「大岡越前」……合計、ざっと五十篇ほどをかれらは読破したあげくに、わざわざかつて「少年講談」を出版した出版社の社長さんに宛てて、こういうおもしろい本を、どうしていまの子どもたちに読ませてくれないのですか、どうぞ、もういちど出版してください、といった文面の手紙を、わたしが知らないうちに書いて航空便で送ったそうなのである。

親が親だから子も子で、うちの子どもたちが例外的なのかもしれないが、ホノルルであろうと、すくなくとも、わたしのかんがえる意味での日本の国民的基礎教養をわたしは「少年講談」を読んだおかげで、たとえば「清水次郎長」であろうと「霧隠才蔵」であろうと、かれらとわかちあうことができるようになった。世代間の「断絶」論議を耳にするようになってからひさしいが、もしもこの「断絶」を辛うじてつなぐことのできるものがあるとするならば、それは、こうした種類の基礎教養というものなのではあるまいか、とわたしは思うのである。

このような国民文芸の復興がはたして可能かどうか、可能だとしても、はたしてまだ間に合うかどうか、わたしにはわからない。わからないけど、もしもたとえば『三国志』が日本人の教養からはずれるようになったとき、日本の文化がずいぶんかわってゆくであろうことは想像がつく。わたしは、何年ぶりかの『三国志』によって、なつかしい記憶をよびさまされるのと同時に、ひとつのさびしい危機感にもおそわれてしまったのである。

お稽古ごと

一

日本の教育、とりわけ女子教育のなかで見のがすことのできないのは、いわゆる「お稽古ごと」であろう。お茶、生け花、日本舞踊、バレエ、ピアノ――中産階級の家庭の女の子なら、たいてい、これら「お稽古ごと」のひとつやふたつ、やっているはずだ。本人が嫌がっても、まわりがやりなさい、というし、高校などでも課外活動にこうしたお稽古ごとをとりいれているところが多い。

じっさい、こうしたお稽古ごとを通過しないと、女として一人まえでない、というようなかんがえ方さえある。相当な無理を押してでも、なにかを習わせなければ、という親たちもいる。むかしほどではないにしても、日本文化は、お稽古ごとに熱心な社会なのである。

このお稽古ごと、という教育のジャンルは外国ではあまり見あたらない。もちろん、その内容からいえばお稽古ごとというのは芸術教育の一形態であり、そのかぎりでは、世界じゅうどこにでもある情操教育の日本的なかたちであるのかもしれぬ。西洋でも、子どもにバイオリンだのバレエだのを習わせている家庭はいくらもある。しかし、日本は、この種の情操教育がずば抜けてさかんな国なのだ。こんなにたくさんの種類の芸術教育が、こんなにたくさんの青少年を相手に展開されている例を、わたしは他に知らない。外国の教育専門家に、お稽古ごと、という制度ないし習慣の説明をすると、かれらは、おおむねびっくりする。だいたい、信じてもらえない。いったい、どうしてこんなことになっているのか、と問われる。お稽古ごと、というのはきわめて特殊な、日本固有の教育のありかたであるらしいのである。

　日本固有、といっても、けっしてそんなに古いものではない。三田村鳶魚の『江戸生活事典』によると、お稽古ごとのなかでいちばんその出現がはやいのは舞踊であるらしく、これが定着するのが江戸中期、宝暦のころからである、という。そして、そのもともとの理由は、たいへん現実的なものであった。というのは、娘に舞踊を習わせることが商売上の手段であったからである。

　江戸の町人、とひとくちにいうけれども、そのなかには大きな店構えの富豪もあれば、零細な商工業者もいた。そして、そういう零細な町人は、まったくうだつがあがらず、ただ細々と暮らしているだけだった。ところが、こういう小さな町家の娘で、踊りがじ

ょうずなのがいると、それが評判になって大名屋敷などからも招かれるようになり、そのたびに謝礼金もはいるし、ばあいによっては、奥向きにお抱え、ということになったりもする。そういうことになると、娘の出世がきっかけになって、親のほうにもなにかと便宜がはかられる、というわけ。落語に「妾馬」というのがあって、長屋の娘が大名に見初められ、その縁でパッとしない無智な兄貴が侍にとりたてられる、という滑稽がわれわれをくすぐるけれども、それに似たことがじっさいに起きていたのである。

もちろん、踊りがじょうずなら大名にお取立てになるという保証があったわけではない。たぶん、なにかの偶然で、そういう幸運の舞いこんだ例が二、三あった、という程度のことであったにすぎないのだろう。しかし、たとえわずかでも、この種の成功物語が世間に流布すれば、ひょっとするとうちの娘も、という気持ちになるのも無理はない。いわば、こんにちのタレントママのようなもので、たくさんの人たちが踊りをつうじて一攫千金という夢を追いはじめたのである。

こんなふうにして、めでたく「芸能人」として大名屋敷に出入りする娘たちがあらわれたというのは、江戸中期の新世相であった。なぜなら、中世以来、元禄のころまでは「芸能」はプロの手中にあり、シロウトの立ちいることのできない世界であったからだ。白拍手から出雲阿国までの歴史をふりかえってみてもすぐわかるように、芸能はけっしてアマチュアのものではなかったのである。ところが、宝暦のころから、シロウトが大手をふって芸能の世界に登場するようになる。日本の芸能のアマチュアリズムは、このへんからはじまった、とみてよいだろう。

二

流行というのは、おそろしいものだ。いったん踊りのお稽古が町人娘のあいだで流行しはじめると、その範囲はだんだんひろがってゆく。右にみたように、この流行のもとになったのは中流以下の町家で、お稽古をさせておくことで、なにがしかの金もうけを期待する、という、いってみればかなり露骨な教育投資であったのだが、やがて、中流以上の家庭でもそれがはじまる。べつだん、そのことでトクをしたい、といった話ではない。要するに流行なのである。寛政のころになると、そんなわけで、江戸中の娘で踊りを習わない者はひとりもいない——というほどさかんになり、町人の家庭だけではなく、武家の家庭にもこの流行はおよんだ。

そういう中、上流のばあいには、娘を金のタマゴとかんがえるのでなく、逆に、娘の芸自慢のためにどんどん金を使う、というパターンが出現した。お祭りなどがあると、金を使って出演させる。それだけではない。うちの娘は名手ですから、ぜひ御殿奉公をさせてくださいませ、と大名屋敷に願い出る。もちろん、そのことによって金もうけしよう、などというのではない。逆に、多少のワイロを使ってもいい、くらいの心がけである。そんなふうにして御殿奉公に出すことにすると、それは名誉であって、親も肩身がひろい。そして、そういう経歴があるといい嫁入り先を見つけることもできる。要するに、遊芸を身につけておくことは、のぞましい花嫁修行の一環なのであった。ということは、とりもなおさず、嫁入りのためには御殿奉公がのぞましく、そのためには遊芸のひとつやふたつ、学習しておかなければならない、ということである。踊りを習うことは、文化的に制度化された女子教育の一部になってしまったのだ。

踊りだけでない。時代がさがるにしたがって、他のさまざまな遊芸がこれに加わる。長唄だの三味線だのが流行する。明治以後、とりわけ大正からあとには、生け花、茶道が大衆化する。それとならんで、ピアノが流行する、バレエがはじまる。そして、その結果、こんにちのようなお稽古ごとの百花繚乱時代がやってくる。多くの人は、お茶、生け花など、お稽古ごとの代表例をかんがえるにあたって、これらのお稽古が何世紀もさかんにつづいてきたのだ、と思いこんでいるが、それはまちがいだ。なるほど、お茶は利休にはじまり、華道もまた立花は室町時代にまでさかのぼることができる。そして、それらが綿々とつづいてきたことに疑問の余地はない。しかし、こんにちのように何百万、いや何千万の女性がお茶、お花をたしなむようになったのは、大正期、それも旧制の高等女学校が普及したころからであり、もっとはっきりいうなら、太平洋戦争以後の過去三十年間のあたらしいできごとであったというべきなのである。江戸時代、舞踊にはじまるお稽古ごとは、二世紀にわたってそのレパートリーをひろげ、ついにこんにちの隆盛をきずきあげたのであった。

そして、あえて反論を予期しながらいわせていただくなら、お稽古ごとの根本精神のほうも、江戸時代からこんにちまで、あきらかに連続しているようなのである。すなわち、わたしのみるところでは、多くの日本人にとって、お稽古ごとは、嫁入り修行なのである。結婚の資格なのである。もちろん、こんにちの日本には大名屋敷はなく、御殿奉公というものもない。しかし、そのかわりに、大学というものがある。わたしじしんの経験はかぎられているけれども、とにかくちゃんと結婚するためには大学くらい出ていなければねえ、というそれだけの理由で大学進学を娘にすすめる親たちの数はけっしてすくなくない。お稽古ごとの社会構造は、あんまりかわっていないのだ。その精神は、御殿奉公とたいしてちがわないのではないか。

そのことを、わるいというのではない。むしろわたしは、よしあしを別にして、お稽古ごと、という日本独自の教育システムの意味を、いちど再検討してみる必要がありはしないか、とかんがえるのである。いったい、ここまで繁栄してきたお稽古ごとは、これからどう展開していったらいいのか。

三

まず注目していいのは、お稽古ごとというものが、一般的にいってレジャー教育につながりうるという可能性である。多くの人がこれまで日本社会でのレジャーを論じ、そのたびに、日本人はレジャーのたのしみ方を知らない、という診断をくだすことがしばしばであった。たしかに、ふつう「戦中世代」と呼ばれるこんにちの中年は、若いころに、あんまりあそぶチャンスをもたなかった。だから休日になっても、なにをしていいか途方に暮れたり、ということもある。そのことは、みとめなければならない。だが、レジャーのたのしみ方を知らないというのは、極端にいえば、この世代を中心にした特殊な現象であって、わたしなどのみるところでは、日本人ほどレジャーの使い方について苦心し、研究し、レジャー教育を開発した民族は他にあまり見あたらないのである。

右にみたように、江戸市中の娘たちことごとくが舞踊を習ったというのは、一種の流行であったけれども、江戸時代の町人文化はじつにさまざまのレジャー活動を形成していたようである。いや、人生の目標としてのレジャーというかんがえ方さえ、そこにはあった。わたしは、むかし、大坂の町人が江戸時代にどんな生活様式をその理想にしていたのか、を勉強してびっくりしたおぼえがある。すなわち、江戸時代の町人は、商売に精を出して、店をひろげ、経済的な安定を達成するとそのあとは番頭に商売をまかせ、みずからはたとえば浄瑠璃をならい、もっぱら人生をたのしむことに専念するのがその理想なのであった。死ぬまでソロバンをかかえて、商売一筋というモーレツ人生は、日本の町人文化のなかでは、あんまり好ましいこととはかんがえられていなかったのだ。

再度おなじ落語の引用で恐縮だが、これも「ねどこ」のたぐいである。店の主人が義太夫に凝って、ひとの顔をみれば義太夫語りをきけ、とさそいかける。ところが、この主人の義太夫というのがひどいもので、とうていきいてはいられない。ノド自慢の自己陶酔。みんなさそわれても逃げ出すのだが、主人のほうは、ごちそうを出したり、おどかしたり、あの手この手で義太夫をきかせるというお笑い。江戸時代の旦那衆というのは、そういうものだったのである。

旦那衆だけではない。清元だの常磐津だのといった音曲の師匠は江戸のあちこちに小さな稽古場をつくり、そこには、八つぁん熊さんのたぐいまで入門して、奇妙な声を張りあげていたのである。そして、その師匠というのが、おおむね美人で、町内の若い者が競って芸を習うと称しながら、しきりと袖を引っぱったりしている風景は『半七捕物帖』の愛読者ならご存知のとおりである。

そういう芸ごとへの熱中は、日本が二百年以上にわたって鎖国政策をとりつづけ、国内的な平和が維持されていたこと、そして、京都、大坂、江戸という三つの都市を中心に、安定した都市文化が成熟していたこと――そうしたことがかさなりあって生み出されたものだろうけれど、同時代の世界をひとわたり見わたして、こんなに熱心にレジャー活動を開発していた例は他にない。

じっさい、ずいぶんいろんな芸ごとや趣味生活が日本の江戸時代には開花した。盆栽のようなものへの関心がひろがったし、菊の品種改良を丹念につづけたり、懸崖づくりのみごとな鉢をつくったりする人もあらわれた。レジャーの使い方を知らない、どころのさわぎではない。いくら時間があっても足りないほど、いろんなレジャー活動を日本文化は用意していたのである。

こんにちでも、明治生れの年輩の人たちの生活のなかには、はっとおどろくような充実したレジャー活動があるのに気がつくことがある。若いころからやっていたので、などと、ちょっと照れながらも、もうプロとしか言いようのないみごとな浄瑠璃を語る人がいる。俳句とスケッチを何十年もつづけていて、何年かに一冊ずつ詩画集を自費出版している人がいる。江戸時代のあのゆたかなレジャーが生きているのである。そうした人におめにかかるたびに、わたしはうらやましいと思う。レジャーといわれて、戸惑うのは、そのつぎの世代以後の人びとなのであって、歴史的にいうなら、日本はみごとなレジャー教育のシステム化に成功していたのである。

お稽古ごとというのは、この系列のうえで再評価されてよい、とわたしは思う。お稽古ごとは、レジャー教育なのであった。お茶、お花、ピアノなど、やったって意味がない、という反対の立場もあるだろうけれども、わたしはいまこそ、お稽古ごとが重要な意味をもちはじめているのだ、というふうにかんがえる。お稽古ごと、ということばをきいただけで、古くさい、封建的、などと短絡してしまってはいけない。

四

しかし、いまあるがままのお稽古ごとを、無条件にそのままみとめるのか、といえば、けっしてそうではない。ふつうわれわれがいっているお稽古ごとは、ほんとうのレジャー教育として生まれかわらなければならないのである。

まず第一に、嫁入り修行としてのお稽古、という観念を清算しなければならない。「女ひと通りのこと」という古風な言い方があるが、一般的な花嫁「資格」の取得のためにお稽古ごと、というのにわたしは反対だ。なぜなら、レジャーというのは、ひとりひとりの個人の「人生」にかかわる問題であって、結婚ということの便宜上の問題ではないからである。

そのためには、お稽古のレパートリーはもっとひろがりをもち、「個人」の好みや関心によって、さらに選択が自由であることがのぞましい。こんにちでは、日本舞踊よりもバレエ、三味線よりはピアノ、というふうにお稽古ごとは一般に洋風化した。それは時代の流れというものであろう。しかし、だいじなことは、お稽古ごとというものには必須カリキュラムのごときものがなんにもない、ということである。すべては、それぞれの人間の個人的な自発性によってえらばれるべきなのだ。みんながやっているから、うちでもピアノを習わせましょうか——というような動機でいいかげんなお稽古がはじまるのではぐあいがわるい。「みんながやっている」というのは「流行」ということである。「流行」はしょせん流行であって、移り気なものだ。それに、ひとりひとり、人格のちがいというものがある。ロングスカートが流行だからといって、誰もかれもロングスカートが似合うとはかぎらない。それとおなじことで、いくらピアノが流行であっても、それに全面的におつきあいする必要はない。ピッコロが吹きたければピッコロを吹くのがよい。お琴が弾きたければお琴を弾くのがよい。

自由にお稽古のテーマをえらぶこととならんで、第二に、お稽古によって得たものが人生をつらぬきうるものであるように設計することもだいじだろう。お稽古ごとには義務も拘束もないから、かえってそれを持続することに並みはずれた意志力が要求される。飽きてやめてしまっても、誰もなにもいわない。ましてや、花嫁修行の便宜上、まあ、いちどやっておいて損はないわ、式発想ではじめたお稽古は、長つづきしない。ピアノだって、たいていはソナチネくらいでおわり。とりわけ、花嫁修行というのは文字どおり、結婚資格のための修行なのであるから、いったん結婚したら、お稽古なんか、どこかに忘れてくることがしばしばなのだ。

主婦たちのあつまりなどで、こういう話をすると、多くのご婦人たちは、青春をなつかしむような表情をなさる。そうだったわね、わたしもピアノをすこしやりましたのよ、お茶だって、三年もやったかしら、でも、家庭をもってしまうと、そんなことかんがえる余裕もありませんしね——そういう声もきこえてくる。お稽古ごとというのは多くの人にとって、ほんのわずかな期間だけつづく一過性のものになっているようなのである。

これは、たいへんに残念なことではないのか。お稽古ごとというのは、年月とともに磨きのかかってくるものであって、たとえすこしずつの時間でもずっとつきあっていれば、一生をともにすごすことのできるたのしい相手でありうるのだ。そのすばらしいチャンスを、多くの人は失っている。もしも、われわれを待ちうける未来が、より多くの自由時間をふくむものであり、そして、われわれの人生がますます長いものであるとするなら、お稽古ごとを持続することは、人生をより充実させてゆく数すくない方法のひとつでありうるはずなのである。

第三に、わたしは、ひとりの男として、もっと多くの男の子がお稽古ごとに参加していいのではないか、と思う。たとえば、ピアノにしても、絵画にしても、およそ芸術教育というものは女の子のもの、という思いこみがかなりひろがっており、男の子はめったにお稽古をしない。男の子はスポーツというので、野球などはするけれど、それはお稽古というほどのものでもあるまい。そして、親たちのほうも、男の子と情操教育とをつなげることに意外と冷淡なのである。

　しかし、わたしなどのみるところでは、男のつまらなさ、というのは、子どものころにこうした情操教育、あるいはレジャー教育をうけなかったことと関係しているにちがいない。音楽や美術の成績なんかより、国数理社の四科の点数をあげることだけに熱中して大学にはいり、大会社に就職する——それが目標であるかぎり、日本の男たちは、がさつで野暮で、おもしろくない人間でありつづけるのではないか。もしわたしがもういちど人生をやりなおせるなら、もっと芸術的な充実感がもてるような人生を設計したい、と思う。わたしは、正直なところ、たくさんのお稽古のチャンスにめぐまれた女性文化をねたんでいるのである。

「しごと」の意味

一

女性人類学者のドロシー・リーは、人類学研究と家事、あるいは、大学教授としてのしごとと、普通の主婦業とを両立させることに成功した数すくない現代女性のひとりだが、その苦労を語りながら書かれたすばらしいエッセーがある。そのエッセーのタイトルは「参加としてのしごとのよろこび」。わたしは、このエッセーについて、ほかのところでも簡単にふれたことがあるが、わたしたちすべてに深くかかわりのある問題がそのモチーフになっているように思われるので、ややくわしく紹介しておきたい。

リーのこのエッセーは、ある冬の夜の回想からはじまる。洗濯、食事のしたく、掃除……もろもろの家事をかたづけて、彼女は完全にグロッキーになってしまった。その家事のあいまを見つけては人類学の勉強をしているのだから、疲労するのはあたりまえだ。しかも、やれやれ一段落、と思ったとたん、まだもうひとつ、しごとがのこっているのに気がついた。それは、三歳になる娘からたのまれた、小さな縫い物のしごとである。その娘は、母親であるリーに、お人形あそびのかけぶとんをつくって、とたのんでいたのだ。リーは、縫い針をもって、疲れた手で、お人形のための小さなふとんをつくりはじめる。早くベッドにはいって手足をのばしたい——当然のことながら、そういう気持ちがはたらいていた。

しかし、このかけぶとんをつくっているうちに、やがて彼女は、自分が、いつのまにかその小さな手芸に熱中しはじめているのを発見した。はじめ、予定にはいっていなかった刺繡をそのふとんのうえに縫いとったり、かざりをつけたり、時間のたつのも忘れて、彼女はお人形のふとんつくりに専念してしまったのだ。いつのまにか、疲れもどこかにふっとんでしまっていた。深い満足感が彼女をつつみこむ。

その満足感、あるいはよろこびがいったいどこからきたのか——突然のこの経験にリーは、びっくりする。そして、その理由をこんなふうに考える。

「わたしは、人間が社会的なありかたをする、というのがどういうことなのかがわかったような気がしました。たしかに、わたしはドロシー・リーというひとりの個人です。しかし、わたしは、それ以上のなにものかであったのです。わたしは、この縫い物をしながら、わたしがほんとうに母親であり、妻であり、教師であり、そして隣人であったのだ、ということに気がつきました。……わたしは、このしごとのなかに、ひろい意味での愛の媒介物を発見したのです」

彼女は、自分自身のまわりにひかれた境界線、つまり、自己と他人とを区別する「個人」の境界線がふっとかき消えて、自分のかかわりあっている社会のなかでのしごとの意味がはっきりと見えてきたような気がした。そして、よく考えてみると、単に、このふとんつくりの作業のみならず、彼女のやってきたすべての家事労働にも、おなじような意味があったはずだ、ということにも気がついた。

たとえば、ここに掃除、という作業がある。掃除機をかけたり、ぞうきんでふいたり、たいへんなしごとだ。たいへんであるばかりでなく、いっこうにおもしろくないしごとだ。しかし、これは主婦のしごとであり、主婦にあたえられたしごとなのだから、しかたがない――そんなふうに考えて、ほとんどすべての主婦は、いやいやながら掃除をする。そして、そういう「しごと」は要するに、苦痛なのである。

しかし、それは、そのしごとを、主婦のしごとだと考えてしまっているからではないのか、とリーはいうのだ。自分のしごと、ということは、とりもなおさず、自分という存在のまわりに境界線をつくることだ。わたしのやることはここまで、ここから先はあなたのしごと――そんなふうに、生活のなかには、しごとの境界線がつくられている。しごとは「個人」と密着した「義務」になる。

ところがお人形のふとんをつくっていたとき、その境界線はなくなった。そこでは娘にたいする愛情が境界線を消滅させてしまったのである。一枚のふとんは、ひややかで事務的な境界線ではなく、むしろ、母と娘をつなぐ媒介になったのだ。掃除だって、そうだ、とリーは考える。家事もまた、家族の構成員をつなぐ人間的な媒介でありえたはずなのである。「個人」がぴったりと閉じられた「義務」をはたすのでなく、他の人間としっかりつなぎあわされることのできる開かれた通路としてしごとを考えることはできないものか——リーは、みずからに、そう問いかけたのである。

二

その問いに間接的に答えてくれるものがひとつあった。それはティコピアの社会だ。ティコピアというのは、南太平洋の小さな島。ポリネシア文化圏の南西の端っこにある社会である。人類学者であるリーは、このティコピアについての人類学的研究の書物をすでに読んでいた。幼い娘のお人形あそびのふとんを縫いながら、リーは、きっと、ティコピアの人たちが経験しているのは、こういうことなのだろう、と思いつく。そして、現代のアメリカと比較しながら、彼女はティコピアについて考えはじめる。そこには、人間の存在のしかたについての根本的なちがいがいくつもあった。まず、たとえば、子どもの出生ということをとりあげてみよう。あらたに赤ちゃんがうまれる、というのは、アメリカの文化では、ひとり家族が「ふえた」ということである。それは、いろんなものが「ふえる」ことを意味する。部屋もひとつふえなければならないし、家具も赤ちゃんのためにふえなければならぬ。要するに、それまでにあった家族生活のあれこれの設備に、なにかが加えられるのである。いわば、それは算術のたし算のようなもので、それまでにあったものにプラスひとり、という計算になるのである。

しかし、ティコピアの人たちの考え方はちがう。リーによると、ティコピアの赤ちゃんは、たし算なのではなく、すでに存在している家族のなかに「入って」くるものなのだ。家族は、すでにひとつのサークルになっている。そのサークルへの、赤ちゃんはあらたなる参加者なのだ。べつだん、あたらしく赤ちゃん用の家具がつくられるわけでもないし、部屋の増築がおこなわれるわけでもない。それまでにあったひとつの部屋のなかで、みんながすこしずつスペースをゆずりあって、赤ちゃんの場所をつくってあげる。人間がひとりふえたからといって、厳密なたし算をして大さわぎしたりしないのである。

しかも、そこでは赤ちゃんは、そのサークルすべての人たちと知りあいになり、とりわけはっきりした区別なしに、平等につきあってゆく。もちろん、非常に幼いあいだは母親だけが接触の相手だけれど、よちよち歩きができるようになると、子どもの相手をするのは誰であってもよい。家族、あるいはその延長としての親族、場合によっては村落のなかの誰かが、まったくのアドリブで子どもの世話をする。男たちが海岸でおしゃべりをしているとき、かれらは赤ん坊同伴だ。女たちが忙しければ、そんなふうに、男たちが即興的に子どもの相手をするのである。

おとなが他のことで忙しいときには、若者が子どもの相手をする。だから、若い男女が恋を語らいながら、同時に親戚の赤ん坊をあやしている、といった風景もティコピアでは珍しくない。

社会科学のことばを使えば、要するに、このティコピアの社会では分業が発達していないのである。しかし、分業が発達していないから、その社会がおくれている、ということにはならない。ましてや、だから、その社会に生きている人たちが不幸だ、ということにもならない。いや、ティコピアの人々は、リーのみるところでは、たいへんにしあわせそうで、たのしそうなのだ。

彼女のみるところでは、ティコピアの人々は基本的に「個人」というワクをもっていない。そういうワクをはずして彼らはすべての人間が社会的につながっている、と考えている。そして、そのつながりを相互に確認するための、いろんなくふうがティコピアの社会にはある。

たとえば食事のしたくをするとき、ティコピアでは、家族が総動員ではたらく。男も女も、若者も年よりも、みんなが、これまたアドリブで火をおこしたり、タロイモの皮をむいたり、ココナッツを割ったりする。なにがそのときに必要とされているか、をみんながそれぞれに判断して、なにかをしているのである。赤ちゃんの相手をしているものもいれば、カマドの石を拾いにゆくものもいる。そして、子どもたちは元気よく、陽気に、おとなたちのあいだを走りまわり、メッセンジャーの役割をはたす。あそんでいる者はひとりもいない。

こんなふうに、みんながはたらきながらおしゃべりをし、冗談をいってさわいでいるうちに食事ができあがる。できあがった食事は「個人」用の食器で食べるのでなく、みんながそれぞれに手をのばして、かってに食べる。おとなは、自分ですこし余分に食べものをとってそれを子どもにわけてやる。すべてが集団的なのである。

自分のもの、あなたのもの、かれのもの、といった、「個人」の境界線がそこにはない。ひとりの人間がする、ある作業は、そのまま、集団全体のなかにとけこんでいるのだ。

三

リーは、ふたたび、その情景をアメリカのそれとひきくらべる。アメリカの家庭生活は整然たる分業によってできあがっている。ひとりひとりがそれぞれの役割をもち、自分と他人とのあいだに、きっちりと垣根をつくっている。彼女はいう。

「アメリカ人は、ひとりひとりをきっちりと区別する。他人の息を吸うことをきらう。おぼれた人を救助するときの人工呼吸でさえ、機械を使う。……公園のベンチもひとりひとり区別できるようにひじかけをつけてあるし、列車やバスの座席も区切られている。居間のソファさえも、クッションを置いて、人間どうし、からだが接触しないように仕切っている」

よほど小さな子どもでもないかぎり、歯ブラシを他人と共用することなど、アメリカでは考えもしないだろう。歯ブラシも、ひとり一本と、ちゃんときまっている。しかし、ティコピアではちがう。こうばしい木の葉をひとりがかんで、それをつぎつぎにまわす。ひとがいったん口にいれたものをつぎの人間がまた、しゃぶるのである。アメリカ人の生活はティコピアの基準でみたら、すべて、あまりにもよそよそしい。リーは、アメリカの食生活について、こんなふうにも反省する。

「アメリカ人は、個人のまわりに、衛生という名の垣根をつくる。料理中のなべのなかの食べものの味みをするために使うスプーンは料理用のスプーンとは別でなければいけない、とされている。よく考えてみれば、かりに料理をしている主婦のわずかな唾液にバイ菌が入っていたとしても、それはなべの内容物が沸騰しているのだから、なんの問題もないはずだ。しかし、夫と妻、親と子のあいだですら、誰かの唾液がすこしでも料理にまざってしまう、というのはたいへんいやなこと、と考えられているのである。これは、衛生上の問題というよりは、心理的な問題なのだ」

「赤ちゃんの食物については、なおさら細心の注意が払われる。機械が食物をこまかく砕き、電熱器でその食物は適温に保たれる。スプーンやコップやびんは、熱湯で消毒される……。しかし、ティコピアでは、赤ちゃんは母親と密着している。母親は自分の口のなかで食物をかみ砕き、やわらかくして、かつ体温とおなじ温度にしてから口うつしで子どもに食べさせる。水をのませるときもおなじことで、ティコピアの母親たちは、自分の口のなかで水を適温まであたためる」

子どもの育てかたが、まったくちがうのである。

ティコピアの人々は、自分の存在を、「個人」としてではなく、深くむすびついた他人との連続体の一部として考えているのだ。からだもしばしば接触しているし、心理的な空間は、互いにとけあって、いっさいの境界線をもたない。

それにひきかえ、アメリカでは、すべてがひとりひとりを単位にしている。「個人」というのは、いわば、ヨロイのごときもので、そのヨロイが、ひとりの人間の存在のしかたをきちんと他から区別する。それは、個人主義という名で呼ばれ、あるいは、プライバシーと呼ばれる。そういうヨロイで、ひとりひとりが個別の存在であることがすなわち近代的、ということになっている。

それはそれでよい。家庭のメンバーが、自分の食器をもち、椅子をもち、個室をもつのは結構なことだ。しかし、そのような個人化、あるいは個別化が極端なところまで進行した結果、他人とのかかわりをつくることをいつのまにかアメリカ人は忘れてしまったのではないか――リーの論点は、ひとことでいえば、そういうことになる。

もちろん、他人とかかわりあわない、というわけではない。社会生活をつづけてゆこうとする以上、人間は誰でも、他人とかかわらなければならぬ。しかし、アメリカの場合、そのかかわりかたは、おしなべて事務的だ。自分にあたえられた役割、義務、責任――それをはたす範囲内で、ビジネスとしてかかわるだけだ。ティコピアにあるような、人間的な連続の観念は、アメリカにはない、とリーは考えるのだ。そして、そのことを、彼女は、お人形のふとんを縫いながら発見したのである。

四

リーの著書の紹介は、これでおしまいだ。しかししごとが苦痛であるかあるいはよろこびであるかは、主として、そのしごとがどんなふうに他の部分とかかわりあっているか、についての想定のしかたによる。一枚のお人形のふとんは、リーにとって閉じられた、彼女のしごとなのではなく、それによって、自分の娘と深くかかわるひらかれた「愛の媒介」なのであった。そして、わたしは、このエピソードのなかに、わたしたちがいま考えなければならない根本問題があるのではないか、と思う。

とりわけ、日本人であるわたしたちには、アメリカとティコピアの比較は、かなり実感をもって理解できるはなしであるような気がする。というのは、ついこのあいだまで、日本の社会は、かなりティコピア的であったからだ。自分と他人とのあいだにあまりはっきりと線をひかずに日本人は暮らしてきた。家屋も開放的で、プライバシーはいっこうにたもたれなかったし、またプライバシーという考えさえ、そこには存在していなかった。実際、ひょっとして、文化史的に日本のなかにポリネシアが入っていたのではないか、と思われるほど、日本にはポリネシア的な要素があった。すきやきをはじめとするなべもの料理などは、その一例だ。

しかし、日本の「近代化」とともに、そうしたすべてのことは、いけないことだ、という思想が有力になった。みんな、「個人」として、ヨロイを着ましょう、という運動が熱心に展開された。ここ二十五年ほどのあいだに、日本はティコピア型から、あきらかにアメリカ型に移行したのだ。

それは、よいことであった。進歩であった。だが、「個人化」は、同時に高い代償をともなうものであったのではないか。リーが、やや皮肉をこめて描いているアメリカの現実にたいへんよく似た現象が、いま、日本でも発生しつつある。「個人」が出現したのはよいが、みんなが互いによそよそしく、ひややかになった。そして、ひややかな関係しかもてなくなったことに、みんなが、多かれ少なかれ淋しい思いをしはじめている。ティコピア的な、のびやかな連続感覚が、ほんとうのところ、なつかしく思えるようになってしまったのだ。

だからこそ、現代の若者たちは、ことあるごとに「参加」ということばを使うのではないか、とわたしは思う。これはわたし、それはあなた、という、よそよそしく分断された世界に住むことが、人間として、たえられないのである。「参加」というのは、境界線のぼやけた世界をつくろう、ということだ。境界線をぼやかすことによって、人間どうしの愛のきずなを再構築しよう、ということだ。バート・バカラックの音楽に「世界がいまもとめているのは愛だ」という曲があるが、たしかに、近代個人主義によって、素朴な人間の愛情によるつながりはかなりの程度まで荒廃させられてしまった。

わたしは、ティコピアの文化と人間関係をそのまま現代の日本に移しかえることが可能だ、などとは考えない。しかし、リーとおなじく、わたしもまた、ティコピアからわたしたちが学ぶことのできるものがたくさんあるのではないか、と考える。そして、さしあたり、わたしたちの家庭生活が、一方で「個人」を大事にしながら、他方でお互いの垣根をとりはらった、もっと自由で陽気なものであってよいのではないか、と思う。実際、たとえば、家族でキャンプ旅行に出たりしておとなも子どもも、妻も夫も、まきをひろい、火をおこしたりするとき、わたしたちは、なにかしら、日常とは別なうきうきした気持ちになるものだ。ティコピアの文化というのは、たぶんそういう文化なのである。そして、そういう世界のなかで、わたしたちにとっての、「しごと」の意味は、ふだんのそれとまったくことなった新鮮なものでありうるのだ。わたしたちそれぞれの人生は、その新鮮さを発見できるかどうかで、ずいぶんかわったものになりうるはずなのである。(ドロシー・リーの著作は Drothy Lee : Freedom and Culture. New York. 1959)

「問題」とは何か

一

新聞の話題になったので、たくさんのかたがすでにご存知のことと思うが、兵庫県の小学校で「解けない問題」を「問題」にするという、おもしろいこころみがおこなわれている。「解けない問題」とはなにか。それは、たとえばこういう「問題」である。

「教室から生徒が8人出てゆきました。そのあと、12人が入ってきました。教室には何人のこっていますか」

教室にいる生徒の数が何人ふえたか、という問題なら、誰にでもすぐに解ける。12ひく8で4、つまり、四人ふえたというのが答えだ。しかし、何人のこっているか、という問題は解けない。なぜなら、はじめに教室にいた生徒の数が何人であったかがあきらかにされていないかぎり、いくらたし算やひき算をやってみても、教室にのこった生徒の数はわかりっこないからである。もしも、はじめの数が三十人なら答えは三十四人だろうし、五十人なら五十四人だ。そのはじめの数をあきらかにしていない問題は、解きようがない。

そして、この問題をみた児童たち、およびお母さんたちは、じつのところ当惑した。当惑しただけでなく、なかには、怒ったお母さんもいるらしい。あきらかにこの問題は出題者の不注意によるものだから、もっと、ちゃんと気をつけて出題してほしい、というわけだ。

しかし、この「解けない問題」は、けっして出題者のまちがいによるものではなかった。こういう、あいまいな「問題」を出すことによって、世のなかには、「解ける問題」と、「解けない問題」と二種類があるのだ、ということを子どもたちに学んでもらうこと——それがこの「問題」を出した理由であり、また目的であったのだ。したがって、この「問題」への正解は、「解けません」ないしは「問題が不充分です」である。解けない、という答えがこの問題の正しい「解」答なのである。

そんなひねくれた「問題」なんてバカバカしい、悪ふざけもいいかげんにしてください——そんなふうにかんがえてしまう人もいるだろう。とりわけ、入学試験のことなどを念頭においたお母さんたちは、とにかく出された問題をさっさと解いてゆくのが試験というものなので、「解けない問題」などという妙ちくりんなもので子どもを惑わせてもらっては困る、とおっしゃるかもしれない。

しかし、わたしは、残念ながら、そういう批判ないし非難には賛成いたしかねる。わたしは「解けない問題」を子どもたちに出すことは、きわめて望ましく、かつ重要なことだとかんがえているのである。そして、その理由はきわめて簡単だ。すなわち、およそ「問題」というものは、まず、解けるか解けないかの見きわめをつけることが第一で、そこで解けるという見当がついたあとではじめてそれではどんな方法で解いたらいいのだろうか、をかんがえるのが正道だからである。「問題」のすべてが解けるなどとかんがえるのは大まちがいで、むしろ、「問題」というのは一般的にいって、解けないのがふつうなのではないのか。すくなくとも、解くことのできない問題は、たくさんあるものなのだ。

「問題」ということばを、わたしは、学校教育のなかでのテストの「問題」に局限して使おうとは思わない。語源的には「問題《プロブレム》」とは、ギリシャ語のプロブレマということばから出ており、それは「論議すべき疑問として投げ出されたもの」といった意味をもっている。そういう意味での「問題」は、われわれのまわりに充満しているし、あとでみるように、そもそも「生活」というものは、つぎからつぎへと出現する問題への挑戦ということにほかならない。それら一連の問題のなかには解けるものもあるし、解けないものもある。解けないものを、解けると思って悪戦苦闘してもどうにもならない。

このあいだ見た、井上ひさしさんの「天保十二年のシェイクスピア」のなかには、ハムレットをもじった〝きじるしの王次〟という人物が出てきて、たいへんにたのしく、かつ哲学的な「問題」の歌をうたう――

正か邪か　生か死か　問題だ
静か動か　鬼か蛇か　問題だ
噓か誠か　天か地か　問題だ

（中略）

あれかこれか　これかあれか　問題だ
すべてに備わる二面性
どっちがどっちか問題だ
というのもじつは問題で
問題か　問題ではないか
それまでが問題だ！

二

じっさい、「問題」とはなにか、についてかんがえたら、ひょっとすると、巨大な書物が何冊でも書けるのではないか、とさえ思われる。われわれはさまざまな「問題」にとりかこまれ、それらを解くことに多くのエネルギーと時間を割いている。

日常生活をふりかえってみよう。毎月の家計というのも「問題」だ。かぎられた金額の範囲内でどんな食品をどんなふうにして食べるのが賢明か――その「問題」を解くために主婦たちは努力をかたむける。スーパーの陳列棚のまえであれこれと品えらびをしている主婦は、その問題を解いているのである。いろんな解きかたがそこにはあろうが、その解きかたのじょうず下手が生活のじょうず下手とかかわりあっていることは、あらためていうまでもない。

水道センから水がぽとぽと洩れている、というのも「問題」だ。それを解くためには、まず水道の元センをとめ、しかるのち蛇口を分解してパッキングをつめかえなければならぬ。このばあい、もしも、「問題」を放置しておけば、たんに水の浪費がつづくだけでなく、いずれは水が出っぱなしになったり、極端なときには台所が水びたしになったりすることもあろう。

家庭だけではない。職場もまた「問題」にみちている。会社の業績が思わしくない、という「問題」がある。売上げをどうやったらのばせるか、経費をどうしたら節減できるか――その「問題」が解けなければ会社はつぶれてしまう。

組織のなかでの人間関係も「問題」だ。A氏とB氏がなんとなくソリがあわない。組織というものは、お互いの協力によって維持され発展してゆくものだから、そのなかの個人が背をむけあっていたら、組織がうまく運営されるはずもない。雰囲気もトゲトゲしくて、あんまり気分もよくない。この「問題」を解くことは、組織の生死にかかわる重大事なのである。

こんな例をあげていったらキリがない。われわれ人間は、数かぎりなくたくさんの「問題」に直面し、それを解きながら、あるいは解こうと努力しながら生きているのだ。人生とは、ある意味で問題解決の連続であり、わたしなども、しばしば、人生とはコトワザにいう「一難去ってまた一難」にちかいものだ、という思いにとりつかれるのだ。

いや、人間のみならず、動物たちもまた「問題解決」的行動をとる。ケーラーなどの有名な実験によると、高等な動物――たとえばチンパンジー――は、ずいぶん複雑な問題を解決する。高いところに置かれたバナナをとるために、ふみ台を利用したり、それでも足りなければ箱を積みあげたりすることもできるし、訓練しだいでは、重いものをうごかすのに、二匹のチンパンジーが力をあわせることさえできる。こうしたらこうなる、という一種の見とおし能力のようなものが、高等な動物には多かれすくなかれそなわっているのである。そして、そのなかで人間は、とりわけ複雑な「問題」にとり組み、それを解くことに成功してきた動物なのだ。文明の進歩というのは、そうした人間の問題解決の蓄積によってつくりあげられてきたもの、とみてさしつかえない。

学校で子どもや若ものたちにあたえられる訓練というのは、ひとことでいうならば、そうした「問題解決」のための基礎訓練なのである。あるいは、「問題」をひとつの挑戦としてうけとめる気がまえをつくりあげることである。「読み書きそろばん」というのも、じつは、そういう基礎能力をつうじて問題解決ができるように、ということにほかならないのであった。

だから、学校のテストなどで出される「問題」は、じつのところ「解決」能力をやしなうためのものなのだ。そして、思慮のある先生たちは、最終的な答えよりも、むしろ、その答えにたどりつくまでの生徒の思考の道すじに注目する。答さえ合っていればいい、というものではない。だいじなのは「解く」道すじなのである。たとえば、数学などのばあい、決定的なのは式の立てかたなのであって、計算のまちがいなどは、どちらかといえば、むしろだいじなことではないのだ。もちろん、式も計算も正しければそれにこしたことはないのだが、「問題」解決の論理は式にある。あやふやな式で、答えが合っている、などというのはどちらかといえばインチキくさい。

三

基礎訓練であるから、一般的に、学校では解くことのできる問題だけを出す。しかも、模範的に解くことのできる問題だけを出す。訓練上、それはわるいことではない。しかし、学校での「問題」が、すべて解くことのできるものであるという経験的事実から、およそ「問題」というものは解けるものだ、という思いこみを多くの人びとがもつようになってしまったのもまた事実である。この世のなかに、解くことのできない「問題」がある、ということ、いや、解くことのできない「問題」のほうがわれわれの身のまわりには多いのだ、ということを、そのおかげでわれわれの多くは忘れてしまったのである。

そのことは、入学試験の出題ミスを思い出してみたらすぐにわかるだろう。ほとんど毎年のように、どこかの入試問題にはミスがある。わたしも、大学につとめていたころの経験で知っているが、入試問題というのは念には念を入れてつくられるのだけれど、それでも、神ならぬ身の悲しさで、ときにはミスができる。印刷まちがいということも起るが、出題それじしんがまちがうことがある。そういう事件は、たいてい新聞の話題になるから、たいていのかたがご存知だ。

しかし、そうしたミスがあったばあい、おもしろいことに、そのミスに受験生は一般に気がつかない。それを発見するのは、たいてい出題者がわなのである。受験生のなかに、ときには、この問題は解けません、とか題意が不明確です、とかいって手をあげる人物もいないわけではないらしいが、それはコンマ以下の少数派であって、大部分の子どもや若ものは、解けない問題を四苦八苦していじくりまわし、首をかしげている。なかには、トンチンカンな「解答」を書くのもいる。解けない問題を解くのだから、これは、世にもふしぎなはなしといわないわけにはゆかない。

ほんとうは、五分なり十分なり、「問題」をじっと見て、大多数の受験生が「解けません」と異口同音にさわぎ出すか、あるいは「解答不能」と答案用紙に書くかするのがあたりまえなのに、そういう風景は出現しない。そして、試験のさなかに、ミスに気がついた出題者が、あわてて試験場にとんできて、この問題は、かくかくしかじかに変更する、といった訂正をすると、なあんだ、というざわめきが起きる。ときには、ミスをみとめた出題者が協議の結果、この問題は解答しなくてよろしい、などといい、その問題をはずしたりすることもある。

なぜ、こんなことになるのか。要するに、「問題」というものはすべて解けるもの、というバカげた思いこみによって受験しているからである。はじめにのべたように、どうやって解くかをかんがえるまえに、はたして解けるか解けないかの見きわめをつけることがたいせつなのに、頭から解けるもの、ときめこんでいることがそもそもまちがいなのだ。くどいようだが、解けない問題は、そこらにゴロゴロしている。解ける、という思いこみには根拠がない。

もしも、わたしが試験をする立場にあるとしたら、ミスのあった問題を訂正したり、除外したり、ということをせずに、「解答不能」という答えに点数をあたえたいと思う。解けない、という「解答」も立派な答えであり、解けないという見きわめをつけることのできる能力は基本的にすばらしい能力であるからである。

四

テストというのは、出題者がいっぽうにいて、受験者が他方にいることによって成り立つ性質のものである。そして、そういう構造が現代の教育にゆきわたってしまったものだから、なによりもぐあいのわるいことに、およそ「問題」というものは、ひとさまからもらうもの、という思考習慣も抜きがたいものになってしまった。小学生、いや、幼稚園の段階から、「問題」は先生が出すものと相場がきまっている。そして子どもたちは、出された「問題」を解くことに熱中して人生のスタートを切る。

もちろん、そのことじたいはわるいことではない。いや、ものごとをかんがえる訓練は、若い人たちに「問題」をあたえることからはじまるものだ。しかし、「問題」は、つねに先生だの、問題集だの、ドリルだのといったふうに外的にあたえられるものだ、とかんがえてしまうのも、人間の精神にとってけっして健全なことではあるまい、とわたしは思う。なぜなら、「問題」とは、ほんとうはそれぞれの個人が発見し、そしてつくる性質のものであるからである。

「問題」の発見などというと、たいそうなことにきこえるかもしれないが、たとえば、テレビをみていた子どもが、突然、テレビって、なぜみえるんだろう、という疑問を抱いたとするなら、それが「問題」発見なのである。あるいは、走り過ぎてゆく新幹線をみて、あの列車は何メートルの長さなんだろう、という好奇心を抱くのもまた「問題」発見である。なぜ、どうして、というあれこれの好奇心――「問題」というものは、そんな好奇心を母胎にして、心のなかから湧いてくるものなのだ。そとから一方的にあたえられるものだけが「問題」なのではない。

じっさい、哲学者のJ・デューイは、「問題解決（problem solving）」というかんがえかたを教育のなかに導入した人物として知られているけれども、かれは、「問題解決」よりも「問題つくり（problem making）」のほうが、ずっとだいじだ、という主張をしている。つまりじぶんで、なにが「問題」なのか、その「問題」点をはっきりさせると、いったいどういうことになるのか、をかんがえることがおこなわれ、それにつづいて、さてそれではその「問題」は、どのように「解決」できるかがかんがえられなければならないというのである。つまり、「問題」というものは、それぞれの人間がつくるべきものなのである。テレビはなぜみえるんだろう、とかんがえた子どもは、そのとき、みごとにひとつの「問題」をじぶんでつくったのだ。

わたしは、デューイにならって、そんなふうにじぶんで「問題」をつくる子どもはすばらしいと思う。そして、そういう「問題つくり」をうんと力づけてやるのがおとなの責任だと思う。もしも、子どもがこの「問題」を解くために、たとえば百科事典でしらべたり、図書館に通ったり、あるいは近所の電気屋さんに質問をしに出かけたりするなら、さらにこの子どもはすばらしい。じぶんで「問題」をつくり、かつ解くこと――それこそが精神の自律性というものであるからだ。

　ところが、こんなふうな「問題つくり」→「問題解決」のサイクルを子どもや若ものの心のなかにつくりあげてゆくことを日本の学校も家庭もあんまりしていない。いや、していないばかりか、むしろ、それをおしつぶす。なぜテレビは見えるんだろう、なぜタマゴからかえる動物がいるんだろう、新聞にＮＡＴＯということばが出ていたけれどあれはなんのことなんだろう――数かぎりなく、こんこんと心のなかに湧き出てくる疑問を投げ出してみても、親たちは、かならずしもその子どもの「問題つくり」の手助けをしてやらない。ひとつにはめんどうくさいし、正直なところ、親にもむずかしすぎてわからない。だから、そんなことはどうでもいいんです、それよりも宿題はやったの？　このまえ買ってきたドリル帳もまだでしょ？　といったようなことを口走って、子どもの好奇心をおさえてしまうのである。そして、お母さんたちは心のなかでつぶやく。テレビがなぜ見えるか、だって？　そんなこと知らなくたっていいでしょ、だいいち、そんな「問題」は入学試験に出ないわ。

　つまり、親たちの頭のなかには「問題」をじぶんの力で発見し、つくることがいかにたいせつか、という意識ないし思想が完全に欠落しているのである。「問題」は、ひとから出してもらうもの、という観念ががっしりと根をおろしてしまっているのだ。

大学で若い人たちを相手にしていたときも、わたしはそのことを感じた。論文のテーマになにをえらぶか、なにを「問題」としてとらえるか——それがじぶんの力でできるのがそもそも大学生の基本的な資格だとわたしは思っているのだが、年々、じぶんで「問題つくり」のできる学生は減ってきた。なにをやったらいいでしょう、などとききにくる連中が押しかけてくる。わたしはうんざりした。ここは幼稚園ではないのだよ、問題はじぶんで見つけたまえ、見つけたら手つだってあげるがね——相当つよいことばで学生にいったこともある。だが、かれらはキョトンとして、わたしを見つめ、わたしのことを不親切だ、などと悪口もいっていたらしい。

わたしは手おくれだ、と思った。小学生のときから、解くことのできる「問題」だけをあたえられつづけてきた若ものたちは、「問題つくり」の能力をもたないまま、モヤシのごとくに成長してしまったのである。二十歳ちかくなったこのモヤシどもに、「問題つくり」の能力をあたえようとしても、もうおそい。日本社会での創造性は、だんだんよわくなってゆくのではないか——わたしは淋しくなった。いまも、淋しい。

創造性というもの

一

ある心理学者の書いた『創造性の開発』という本に、こんな問題が出ている。ゆっくり読んで、解決法を考えていただきたい。

「ここに、三つの小さなボール紙の箱がある。そのひとつには、ローソクが三本、ひとつには、画びょうが三つ、そしてもうひとつにはマッチがはいっている。これを使って、三本のローソクを壁にとりつけて灯をともすにはどうしたらよいか」

とにかく、ローソクがあり、マッチがあるのだから、火をつけることは、べつだんむずかしいことではない。しかし、そのローソクを壁にとりつける、ということになると、ハタと行きづまってしまう。

なるほど、画びょうという、思わせぶりなものがあるから、くっつける方法がありそうにみえる。しかし、かりに、ローソクがきわめて細くて、画びょうの針の部分が長く、ローソクを針で突きとおして壁につけることができたとしても、ローソクは、壁に沿って密着することになるから、壁は燃えてしまうだろう。不燃性の材料でできた壁であっても、ススだらけになる。お義理にも「照明」などといえたものではない。

そこまで考えて、われわれは、サジを投げる。壁に燭台でもついているなら、問題はないけれど、こんな変な道具立てで、ローソクを立てることなんかできやしない——われわれの多くは、そう考える。そして、そういうふうに考えるのが常人の常識というものだ。

しかし、創造的にものを見ることのできる人なら、この材料を使って、ちゃんとローソクを壁にとりつけることができる、と、この心理学者はいう。どうやったらいいのか。まず、ローソクその他を小箱から出す。そして、その小箱の内がわから画びょうを突きさし、そのまま壁にとりつける。小箱が壁にくっついていれば、それは燭台になる。箱のうえにローソクを立てれば、それで、でき上りである。ローソクの灯は、ほのかに室内を照らすであろう。

そういわれると、われわれは、なあんだ、そんなことなら、自分にだってできる、バカにしてら、といったような反応をおこす。さよう、きいてみれば、解決法は、あっけないほど簡単である。わたしだって、そのくらいのことはできる。もちろん、あなたにもできる。

しかし、大事なことは、はじめに問題を読んだとき、われわれの大部分が、頭をひねり、あれこれと考えながら、結局はダメだ、と投げ出してしまった、という事実である。きいてみて、なあんだ、とつぶやいてみても、もうおそい。とにかく、この解決法をおしえてもらうまで、われわれは、この問題は解けない、と思いこんでいた。その事実をすなおにわれわれはみとめなければならない。要するにコロンブスの卵とおなじである。

ところで、このコロンブスの卵の現代版の話に似たエピソードは、ほかにもある。まただきなので、不正確かもしれないが、こんな話をわたしはきいた。

何年かまえのこと、日本の南極観測隊が雪上車で南極大陸の踏査にあたっていた。そとは、零下何十度という寒さである。ところが、ちょっとした故障で、雪上車がエンコしてしまった。ちょっとした故障、というのは、雪上車をうごかす機械部分の破損である。もしも予備の部品があれば、すぐに修理ができる。隊員たちは、部品をさがしたが、そんなものは、ひとつもない。すっかり途方にくれてしまった。

なにしろ、まわりは白一色の巨大な冷凍庫のような南極である。ハイウェーではないから、ほかに、通りかかる車なんかあるはずがない。基地からは、何百キロもはなれている。このままエンコをつづければ隊員一同凍死するにきまっているし、基地を無電で呼び出しても救助作業は手間どるだろう。

いったい、どうしたらいいのか。

そのとき、隊長のN博士は、車内でお湯を沸かすことを命じた。そして、お湯ができると、それを車外に持ち出し、破損した部品をきちんと雪の上に置いて、それにお湯をかけた。なにしろ、零下何十度の酷寒である。お湯はたちどころに凍って、部品の破損部分はカチカチにかたまった。

そのカチカチの部品を、あらためて機械のなかに組みこむと、ちゃんとうごいた。これだけ外気温が低いと、氷は、たいていの金属よりも硬く、こわれにくくなるのだ。雪上車は、こんなふうにして、氷の部品を使って、無事にうごきだし、基地に帰ってきたのだそうだ。話をきくと、なるほど、と思う。これもコロンブスの卵である。

二

さきほどのローソクの話と、この話とのあいだには、ひとつの共通点がある。それは、いずれの場合にも、解決法が「常識」を超えている、ということだ。あるいは、普通の人間が、普通の状態でもっている「思いこみ」の枠をつき破っている、ということだ。

ローソクの例でいえば、われわれは、はじめから、三つの小箱があることを知っていた。しかし、われわれは、それらの小箱が、ローソク、画びょうなどをいれておくための「いれもの」だ、というふうに思いこんでいた。それらは、中身を出した瞬間に無用のもの、としてとりあつかわれていた。それが、「常識」というものであり、「いれもの」としての小箱が、頭のなかから、無用のものとして消去されている以上、この小箱を燭台として利用する可能性は思いつくことができなかったのである。

雪上車の場合にも、事情はおなじだ。部品がこわれた、ということになると、すぐに予備の部品をさがす。それがなければどうにもならない。およそ、機械部品というものは硬い金属でつくられているものである——それがわれわれの「思いこみ」だ。したがって、予備部品がないかぎり、もうダメだ、と考える。

しかし、零下何十度の寒さのなかでは、氷がなまじの金属よりも硬い、ということを思いついたとき、事態は一変するのである。捨てたはずの小箱が燭台に使える、と考えついたときに、ローソクは立てられるのである。くどいようだがあとで話をきけば、なあんだ、ということであるにすぎない。きわめて、話は簡単なのである。だが、われわれの多くは、常識の枠のなかでしかものを考えていないから、おおむね、「解決」にむかうことができず、お手上げになってしまうのである。

こんなふうに、一般的な「思いこみ」を破った思考によって問題解決にいたることを「創造」という。「創造的」な人間というのは、既存の思考枠を、いったん白紙にもどして、はじめから考えなおしてみることのできる人間のことである。はじめから考えなおして、あらたな枠をつくることのできる人間のことである。「創造的」人物は、既存のさまざまな思いこみによって、がんじがらめにしばられている「常識人」と対照的な存在なのだ。

　いうまでもないことだけれども、古来、人間の世界における「進歩」を形成してきたのは、ひとつの例外もなく、「創造」する力であった。それまでにあった、いっさいの思いこみを、根本から疑いなおしてみること――そのことから、あらゆる発見と発明がうまれた。

　コペルニクス以前の人びとは、星のうごきをみて、空がうごいているのだ、と思いこんでいた。なにしろ、こうして人間が足をつけている大地は、つねに厳然と存在しつづけている。世のなかに、これほどたしかなことはない。その固定した大地に立ってみると、太陽も月も星もうごいている。天がうごく、と人びとは考えていたのである。

　しかし、コペルニクスは、ひょっとして、うごいているのは、この大地のほうなのではあるまいか、と考えた。大地が固定している、というのはひとつの「思いこみ」であるにすぎない。むこうが固定していても、こっちがうごけば、人間の目には、むこうがうごいているようにみえる。しょせん、天がうごいている、というのは、人間がみずからの位置を、あたまから、うごかないもの、としてきめこんでいるからなのではないか――コペルニクスは、そういうふうに考えて、大地を球体としてとらえた「地動説」をとなえた。

　よく知られているように、この「地動説」は、当時の人びとの常識を超えたもので、

誰からも理解されることがなかった。かれの立場はまったく孤立無援というべきなのであったのだが、やがて時の経過とともに、コペルニクス説の正しさが証明された。地球と宇宙についての観念は、コペルニクスによって、全面的にあたらしいかたちをとるようになったのである。いわば、かれの創造性が、人間の知識の体系に、画期的な大進歩をもたらしたのだ。

おなじことは、力学の諸法則についてのニュートンにもあてはまるし、また、生物を支配する進化の法則を考えたダーウィンにもあてはまる。アインシュタインの相対性原理の発見も、まさしく創造的思考の産物であった。実に、創造的ないとなみこそが、人間の活動をここまで高めてきた原動力だったのである。

三

ニュートンだの、アインシュタインだのというと大科学者であり、天才、ということになってしまって、われわれ常人とは、要するにカンケイない話、と考えられるかもしれぬが、事実はそうではない。生活のなかでも「創造」は、つねにおこなわれている。

たとえば、どこの家の台所やおふろ場にでもころがっているカメの子だわしをとりあげてみよう。周知のように、このたわしを発明したのは、ある創造的な主婦であった。毎日のかたづけもののしごとをしながら、そのしごとの道具として、この小さなたわしを考え出したのである。もしもその主婦が、それまでの台所仕事を無批判、無反省にうけいれていたとしたら、こんな新製品はできなかったはずである。

どんな小さなことであっても、それまでにあったものごとを、よりよくしてゆく努力――それは創造という名に値する。そのかぎりで、カメの子だわしも、アインシュタインの相対性原理も、おなじような高度のいとなみであった、といってよい。毎日の生活のなかでの、すべての人間の創造が、生活をゆたかにし、また、生活を張りあいのあるものにする。

たぶん、人間にとって、いちばん大事な能力というのは、創造の力なのである。実際、ありきたりの知識だの情報だのというのは、今日の社会では、それほど重要なものではない。情報の性質によっては、その記憶や再生は、コンピューターにまかせておくことだってできる。人間の頭脳は、創造、という、もっとも高度で人間的なはたらきのために使うべきなのである。創造的な活動のできる人こそが、もっとも、人間としての充実を感じることのできる人でもあるのだ。

しからば、このような創造的思考をするためには、どうしたらよいのか。常識を疑い、既存の観念の枠組みにとらわれないことがその秘訣だ、などといってみても、なかなか、常識でこり固まったわれわれが、いきなり創造的になることなんか、できた相談ではない。やっぱり、ほんとうに創造的であるためには、幼いときから、創造力を養うようない訓練が必要だ。おとなになってから、創造的思考を身につけることも不可能ではないけれど、子どものうちからその訓練をうけておくほうが、はるかによろしい。創造力の問題は、わたしのみるところでは、教育の問題でもあるのだ。

そのことは、教育についての最高責任者である国家も、ちゃんと気がついていらっしゃる。だから、教育の根本をさだめた「教育基本法」もその前文に、こう書いている。

「われらは、個人の尊厳を重んじ、真理と平和を希求する人間の育成を期するとともに、普遍的にしてしかも個性ゆたかな文化の創造をめざす教育を普及徹底しなければならない」

さらに、この「基本法」は、第二条で、くりかえし、こうもいう。

「……学問の自由を尊重し、実際生活に即し、自他の敬愛と協力によって、文化の創造と発展に貢献するように努めなければならない」

わたしは、こうした条文を読むにつけ、たのもしい思いになる。なんべんもくりかえし、日本の法律は、教育における「創造」の重要性を語っていてくれるからだ。

しかし、法律にそう書いてあるということと、実際の教育が「創造」に重点をおいているかどうか、ということは、まったく別問題だ。そして、わたしの考えでは、今日の日本の教育は、あんまり子どもの「創造力」をそだてることに熱心ではないのである。そのことを、わたしは、このごろの若い世代の人たちとの会話から学んだ。

わたしは、若い十代の人たちと、NHKのテレビ番組で語りあう機会があった。この人たちは、ことし大学にはいったばかりの人たちである。さぞかし、自由な大学生活をエンジョイしているにちがいない、というわたしの思いこみは完全に裏切られた。彼らは、よろこんでいるどころか、むしろ当惑しているのである。彼らのひとりは、およそ、こんなことをいった。

大学にはいってみたら、すべて高校までの学校生活とかってがちがう。高校までは、ああしろ、これを覚えろ、と、とにかく、つめこみ教育ばっかりで、それを無我夢中ですごしてきたのだが、大学にはいってみると、学問というのは、それぞれの個人が勝手にやるものだ、と突き放されてしまう。その突放しは、まさしく「自由」というものにちがいないのだが、いきなり「自由」にやれ、といわれても、小学校から高校まで、およそ、「自由」な勉強など、したことがないのだから、途方にくれてしまう。

このことばをきいて、わたしは、みずからを反省した。この若ものの言い分には、まことにもっともなところがあるからだ。

四

実際、わたしなども、大学にいたとき、若い新入生たちに、大学というところは手とり足とり、あれこれと「教える」場所ではなく、ひとりひとりが、みずからの自発性によって「学ぶ」ところなのである、といったお説教をしたことがいくたびもある。そして正直なところ、学生たちがまったくといっていいほど「創造性」を持ちあわせていないことに腹を立てた。なにからなにまで、こっちを頼り切っている。既存のものを、ただ、つまらなそうな顔つきで、受動的に丸暗記することだけが勉強というものだ、と思いこんでいる。例のローソクの話などをもち出して話してみても、キョトン、としている。「創造」などということと、あんまり縁がなさそうなのである。

しかし、それは、考えてみれば、まったく無理からぬことなのであった。自分の力で考えるということが、日本の教育には、ほとんどないのである。中学生は高校の受験、高校生は大学受験のための勉強に必死になっていて、とにかく、あらゆることを、無批判に暗記することだけに忙殺されている。教育というものは、ほとんど例外なしに、他律的なのだ。生徒は、ガンガンとつめこまれる、あらゆる知識を、ただおぼえこむ記憶機械のようなものなのだ。

たまに、ぼんやりとものごとを考え、疑問をもつ若ものがいても、そういう疑問に先生は、めったに答えない。そんな生徒がいたりすると、先生は、かえって怒り出し、バカなことを考えるな、とにかく、これをおぼえろ、おぼえないと大学に行けないぞ、式のそっけないことをしか答えてくれない。

どんなことであれ、「なぜ」を問うことは創造性の第一歩である。既存のものを疑ってみないことには、あたらしい観念を生み出すことはできない。「なぜ」という問いを、そのままうけとめて、いっしょに考えるのが、わたしなどのみるところでは、そもそも教育者というものの役目なのだが、一般にいって、今日の教育者——いや、むかしから教育者というのはそういうものなのかもしれないが——は、「なぜ」という問いに答えようとしない。

わたしにも、そのおぼえがある。わたしは大学で簿記というものを習ったのだが、おカネがもうかればもうかるほど、簿記では「借方」というのが大きくなる。借りる、というのは、日常語ではマイナスを意味する。なぜプラスを「借方」というのか。わたしは、先生のところにききに行った。先生は、ゲラゲラ笑い出し、むかしからそうなっているのだよ、そういう約束なんだ、と答えられた。わたしは失望した。むかしからそうなっている、などというのは、問いにたいする答えにはならない。その瞬間から、わたしは、簿記というものをやめることにした。もしも、あのときに、納得のゆく答えを得ていたら、わたしは、ひょっとすると、有能な経理の専門家になって、いまごろ、どこかの商社で、課長さんくらいになっていたかもしれない。

だいぶ横道にそれてしまったけれども、創造性への芽とでもいうべき、あらゆる疑問を、日本の教育は、もっぱら圧殺してしまっているのである。せっかくそだってゆきそうな芽を、学校は、どちらかといえば、チョンチョンと切りとってしまう。そだつはずがない。

その結果、われわれ日本人は、おしなべて、さっぱりおもしろくない。小手先のことはともかく、ほんとうにひとをびっくりさせるような「創造」がない。おとなたちは、つまらなそうな顔つきで、毎日、満員電車にゆられることを宿命と思いこんでいるし、若ものたちの表情にも活気がない。「創造」を、あんなにもうつくしい文章で綴った教育基本法は、どこかに行ってしまっているらしいのである。

創造的な人間——それは、まえにものべたように、ほんとうに充実した人間である。そういう人間を、本気でそだてることを、われわれは怠っている。いや、創造というこの価値をさえ、われわれは知らないでいる。学校がつめこみ教育である、というのも、はやく変えなければいけないけれど、学校がつみとってしまう創造への芽を、せめて、家庭では伸ばすことを考えたい。学校の試験制度のおつきあいをして、家庭でも、つめこみ教育に熱中したりするのは、わたしのみるところでは、長期的に、子どものしあわせを約束するものではあるまい、と思われるのだ。

Ⅲ

わがままな期待

一

東京でひらかれたある国際会議の席上、ひとりの医学の専門家からたいへんに深刻な問題の存在をおしえられた。

この医学者によると、こんにちの医学技術は、その驚異的な進歩、発展の結果、一定の時期まで成長した胎児にある種の先天的欠陥があるかどうかをかなり正確に判定することができるようになった、という。つまり、赤ちゃんが生まれるまえから、ある種の欠陥に関するかぎり、ちゃんと診断ができるのである。

それは、あきらかに現代医学のすばらしい成果であり、わたしなどは、ただ感心してしまうのだけれども、このような予知の可能性がそのまま、じつは重大な哲学的、倫理的な問題につながっている、というのが、この報告をした医学者の趣旨なのであった。

というのは、こうした予知は、ひとつの生命の「処理」の問題に直接にかかわっているからだ。

いま妊娠中で、近いうちに生まれてくる子どもをたのしみにしている女性の立場、あるいは妻の出産をひかえて、心ときめいている夫の立場に立ってものごとをかんがえてみよう。もちろん、大多数、かつ通常のばあいであれば、赤ちゃんは生まれるべくして生まれ、しあわせな家庭の一員として祝福されることになる。だが、出産以前の段階での診断によって、その胎児が先天的な欠陥をもっていることがあきらかになったとしたらどうだろうか。その胎児の親になるであろう夫婦は、たいへんなショックをうけなければならない。

もとより、その子どもは、母親のからだのなかで日一日と成長をつづけている。いずれは、生まれるべく運命づけられている。だが、いったん、この世に生まれれば、その子どもは、一生をけっしてしあわせに生きることはできない。重大な先天性の器官欠陥などをもっていたら、その子どもは、親にとってのよろこびではありえないだろう。いや、むしろ、その子どもは親にとってだけでなく、社会にとっても負担になるにちがいない。とすると、親となるべき人間にのこされたもうひとつの道は、中絶手術によって、胎児を生まれさせないようにすることである。その決断は、親となるべき夫婦にゆだねられている。生んで、多くの苦労をかさねながらそだてるか、それとも中絶するか——。

客観的に、そして冷静にかんがえるなら、こうした重大な欠陥のある胎児は、生まないことのほうが賢明だろう。そして、こうしたばあい、たぶん多くの人間は、その賢明な判断によって中絶手術をえらぶにちがいない。しかし、そう判断し、そう行動したとしても、それで気分がすっきりするかどうかはわからない。とりわけ、出産の日をたのしみに、生まれてくる子の名前までかんがえていたようなばあい、葬られた生命についての悔恨の念のようなものは、ひょっとすると、一生のあいだ人間の心から消えることがないだろう。それに、万分の一の確率で胎児の欠陥についての誤診ということだって、ありえないことではない。その子どもを生んでも後悔するだろうが、生まなくても後悔する。ひとの心は、かなしい。

さて、ここで問題になるのは、はたして生まれてくるはずの子どもを中絶してしまうことが、人間の生命の原理に照らしてどんな意味をもつか、ということだ。いったん生まれた赤ちゃんを殺す、というのは罪悪である。それは法的にも殺人罪を構成する。ここ数年のあいだ、生まれてしまった子どもの処置に困った人が、子どもを殺したり、さらにその死体をロッカーに遺棄したり、という非情な事件がつづいた。人間が他の人間の生命を奪うということは、ゆるされない。

もちろん、ついこのあいだまで、嬰児殺しは、多くの社会で暗黙のうちにおこなわれていた。日本では「間引き」といったことばで知られていたし、また、むかしのお産婆さんは、たとえば生まれた赤ちゃんが不具であったりしたばあいには、ひそかに「処分」する役割をはたしたりもした。だが、こんにちの社会では、倫理的にも法的にも赤ちゃん殺しはゆるされないことだ。

しかし、それでは、出生以前の胎児についてはどうなのだろう。生まれてくるべきひとつの生命が、あきらかに、そこにはある。中絶というのは、その生命を殺す、ということだ。胎児は人格ではないから、中絶は殺人にはならない。だが、生命の視点からみると、中絶は、一種の準殺人なのである。ひとつの生命がそこで奪われる、という事実は何人もうごかすことはできない。医学と倫理は、この「生命」の問題をめぐって、きわめて困難なディレンマに直面しているのである。

二

以上にみてきたことの核心にある問いはこうだ——はたして人間が他の人間ないし生命を勝手に左右することがゆるされるものなのだろうか。

そして、この問いは、胎児の生命についての医学の問いというだけでなく、およそ、教育というものぜんたいについての基本的な問いであるようにも思える。

もちろん、教育というのは、生きた人間どうしのあいだでとりかわされるものであるから、教育者だの親だのは、子どもの生物学的生命を左右するということはない。ときとして、教育の名のもとにひどい体罰があたえられ、その結果、子どもが不具になったり、死んでしまったり、ということがないわけではない。つい先ごろも、罰として女子高校生を二階から飛びおりさせ、瀕死の重傷を負わせた体育の先生がいた。それは、非常識きわまる残忍な教師であって、そういう人物は、教育者として完全に失格である。教育者が生徒に生命にかかわるようなことを命ずる権利はない。言語道断なのである。わたしは、その新聞記事を読み、同年輩の娘をもつ父親として憤りをおさえることができなかった。

しかし、生物学的生命だけが人間にとっての生命なのではない。人間は社会のなかでのみ生きる動物だから、その社会生活のなかでの社会的生命というものをもっている。そして同時に、ひとりの独立人格としての人間的生命ももっている。そういう、人間的、社会的な生命について、教育は、はたして真剣にその役割をかんがえたことがあるか。

たとえば、さまざまなお稽古ごと、とりわけ幼児期のそれについてかんがえてみよう。わたしは、いつもおどろくのだが、日本の社会では非常に多くの母親たちが、三歳、四歳といった幼い子どもたちにピアノだのバレエだのを習わせている。このごろでは、英語の幼児教育もはじまっているらしい。それを、日本の「教育熱心」ということばで表現することもできるだろうし、幼い子どもたちのそういうあどけない学習風景は、たしかにほほえましい。

しかし、よくかんがえてみよう。はたして三歳の幼児に、バレエだのピアノだのが、じぶんにとって必要だという判断ができるだろうか。いや、判断などという高級なことはともかく、そもそも、興味があるのだろうか。興味なんか、多くのばあい、ありはしない。三歳の子どものこころは、きわめて不定形なのである。かれらは、すくなくとも自発的にピアノを習おう、という気持ちにはならない。ピアノをえらぶのは母親である。母親が習わせるのである。そこにはたらくのは、自発性というよりは強制である。

強制ということはとりもなおさず、子どもの人生の一部を親が勝手に左右する、ということだ。一人まえの人間なら、その判断力によってなにを学ぶかを決定することができる。だが、三歳の幼児の学習は、本人が決定するのでなく、母親が決定する。もしも、その決定が、その子どもの将来にとってのぞましいものであるならば、問題はない。だが、その保証はどこにもない。ひょっとして、ピアノを習わせることは、その子に逆の効果をあたえるかもしれぬ。イヤがる子を無理にピアノのまえにすわらせることが、子どものこころのなかに複雑な図柄を植えつけてしまうことだって、大いにありうることではないのか。それに、大げさにいえば、その子の人生の初期の段階で重大な傷をあたえてしまう、ということだ。胎児を殺すのとおなじように、ある条件のもとでの、ある種の教育は子どもの可能性を殺すことでありうるのではないか。

それなら、というので、一人まえになるまで放っておけばよい、ということもできない。だいたい、人間が一人まえになる、というのはひろい意味での教育の結果なのであって、人間とつきあうことなく、オオカミとともにそだった野生児の例がしめすように、放ったらかしで一人まえになるはずがない。それに右に例示したピアノだの語学だののばあいは、多くの心理学者たちのおしえるところによると、幼いころにはじめるのがのぞましい、ともいう。本人の決心でなく母親の、そして教育者の決心で人間の一生は決まってゆく。ちょうど医者が人間の生物学的生命を左右するのとおなじように、教育のいとなみにかかわるすべての人、すなわち教師や親たちは、人間の社会的生命を左右している、という事実に目をむけるべきであろう。

三

その事実は、かんがえればかんがえるほどおそろしい事実である。人間は、生まれてきた子どもの人生を、かなり勝手なしかたで左右できるし、また、しなければならない、という責任を背負っているのだ。新左翼派の哲学でいえば、ひょっとすると、人間の人間にたいする支配は「教育」にはじまる、ということになるのかもしれない。だから、といって、その「支配」はほとんど宿命的でさえある。これを避けて人間がその人生を生きることはできないのである。

そして、わたしは、この問題についてかんがえるたびに、親として、あるいは教育者として深い懐疑主義におそわれる。とにかく、幼い子どもに厳密な意味での主体的判断力がない以上、いつ、なにを、どんなふうに学ぶかは親がかかわって判断してやらなければならぬ。そして問題は、その親の判断の基準がかならずしも正しくない、という点にある。

もしも、むかしのように、農業人口が大部分であって、農家に生まれた子はかならず農民になる、ということが決まっていれば、親の判断にはすこしの狂いもない。要するに子どもは、よき農民になることが定められた運命なのだから、親は、その子が健康でよくはたらく農民になれるように、ということだけを判断の基準にした。未来が決まっているのだから、判断はきわめて容易なのである。

しかし、現代はゆれうごきの時代である。子どもの人生がどんなものになるか、について親たちはイメージをもつことがむずかしい。三歳でピアノだの英語だのを学ばせはじめるのは結構だが、その子どもがピアニストになったり、外交官になったり、という希望を親はもっているのであろうか。ただなんとなく、みなさんがやっていらっしゃるから——それだけの理由が親の判断の背景にあるのではないのか。

じっさい、こんにちの多くの親たちは、子どもたちの教育について、親じしんの経験の補償を求めているかのようにもみえる。じぶんが幼いときにピアノを勉強しなかったから娘にはぜひ勉強させたい、じぶんは英語が不得手だったから、子どもに英語をやらせたい——要するに、じぶんのできなかったことを子どもに課し、それを子どもが実行してくれることを期待するのだ。情として、それはわかる。わかるけれども、それは、すこし勝手すぎるはなしではないか。見果てぬ夢は誰でももっている。しかし、その夢を子どもを手段として実現しようとする、などというのはいちばんいけないことだ。

もしもピアノをじぶんができなかったから、というのだったら、いまからでもおそくはない。わたしは四十歳をすぎてから、ピアノを初歩からはじめた人物を知っている。もちろん、四十すぎにはじめたピアノは、けっしてプロ級のこまやかな指のうごきをみせてはくれない。だが、しょせん、われわれの大多数にとって楽器をいじることはアマチュアの手すさびであり、じぶんがたのしければそれでよろしい、という性質のものであるはずだ。夢はじぶんで追うのがよい。その補償を子どもに求める、などというのはもってのほかのことだ、とわたしは思う。子どもは、未完成ながら一個の人格である。世の多くの教育ママなる種族は、ここのところでまちがっている。

子どもを東大にいれたい、というのは親の希望であるかもしれぬ。しかし、うちの亭主が東大出でないばっかりに会社でソンをしている、だから息子にはどんなことがあっても東大に、というのは母親のバカげたエゴイズムというものだ。息子には息子の人生があり、大学進学の時期になれば、息子はじぶんの力で学校をえらぶことができる。いや、進学すべきか否かをさええらぶ自由がある。本人がイヤなものは、しかたがない。

そのうえ、東大だの、ピアノだの、英語だのといったものが、これからの時代にどんな権威をもつか、わからない。世界はうごき、時代はかわっている。親がじぶんの経験のなかで欠けている部分を子どもに埋めあわせてもらおう、と思っても、しょせん時代がちがえば、埋めあわせとみえる部分がかえって子どもの人生にとってのマイナスであるのかもしれないではないか。

四

こうした親のがわからの補償要求としての教育観は、ふしぎな現象を発生させた。それは、子どもの学習要求と親の教育期待とのあいだの落差である。

わたしはアメリカの大学で、何人かの学生の告白をきいた。かれらは、じぶんたちの意志で大学に進学したのではない、とわたしにいうのであった。ほんとうは、高校でやめて就職したかったのにママが大学にゆけというからしかたなしに入学したんだ――そういう学生がかなりいたのである。もちろん、これには割引しなければならない部分がある。じぶんの成績や努力が思わしくないのをママのせい、といって押しつける心理もそこにははたらいているだろう。しかしわたしは、こういう学生がアメリカにも出現していることにおどろいた。アメリカにも、というのは、日本では、この種の学生がうんざりするほどいる、ということをわたしは知っているからである。自発性というものがさっぱりなく、親の期待にこたえる、というだけのために大学に入ってくる若ものたち

——わたしが数年まえに日本の大学の教師であることをやめた一因は、こういうふしぎな学生たちに愛想がつきたからである。こんなふうに、もっぱら親のために進学する人間がいくらふえたって、日本の学問や文化はよくならない。むしろ、わるくなるにきまっている。

このような図式は、ひとむかしまえの学生たちをとりまく社会的力学とまったく正反対であることに注意しよう。かつての若ものたちは、みずからのやみがたい向学心によって進学した。そして、しばしば、それを思いとどまらせようとするのは親のがわであった。百姓の子が学問なんかして何になる、だいいち、そんなカネがあるものか、——親はそういって子どもを叱った。それにもかかわらず、子どもはそれを振り切って学問をした。子どもの向学心のほうが、親の期待より高かったのである。

ところが、現在はちがう。子どもにはさっぱり向学心もないのに、親の期待値がべらぼうに高い。東大に入ってほしい、大企業だの官庁だのに入ってほしい、出世してほしい。期待が高いのは結構だが、ご本人のほうにその希望もなく、能力もなければしかたがない。そして親の期待にこたえる、という珍妙な「教育」が横行する結果、さまざまな悲劇が発生しはじめた。

いい学校に入ってね、というママの期待にいじらしく反応して、ある有名な「受験校」に入学することのできた子どもがいた。この学校は中、高校と連続して東大受験用の教育をする学校である。東大入学率は、さすがにきわめて高い。親は、子どもがこの学校に入れたことで、当然のことながら大よろこびした。だが残念なことに、この学校は自宅からの通学圏に入っていなかった。親は、学校のちかくにマンションを借りうけ、お手つだいさんをつけて、そこから通学させた。親からみれば、すべては完全であり、しあわせであった。しかし、数か月たったある日、子どもは首をくくってひとりで死んでいた。子どもにとってのしあわせは、親といっしょに、たのしく毎日をすごすことなのであった。一流校に合格して、それをしあわせと思っていたのは親のほうなのであって、子どもにとっては、むしろ、惨憺たる不幸だったのである。

この実話は、おびただしい数の若ものの自殺のほんの一例であるにすぎない。学期末、学年末には、かならず、「学校の成績を苦にして」という新聞の見出しで若い人たちの自殺が報道される。この冬の受験シーズンにも、たぶん、何人かの自殺者が出ることだろう。かなしいことだが、それが日本の現実というものだ。そして、この種のニュースをみるたびに、学校の成績についての本人の反応ではなく、親のがわの反応がその背景にありありとみえるような気がする。成績を苦にする、というのは親の期待にこたえることができない、ということと同義なのである。

人間が他の人間の生命を奪うことは罪悪である。それとおなじように、人間が他の人間の人生を勝手に操作することも罪悪ではないのか。いったい、教育とは、どこまでが、どんな種類の強制でありうるのか。わたしには正直なところ、わからないことだらけだ。そして、わたしのみるところでは、いま必要なのは、こうした基本問題をこころのなかでくりかえしながら教育をかんがえる一種の懐疑主義なのである。それともなにがなんでも東大、という教育ママの哲学のほうがやっぱり立派なのだろうか。

試験の社会史

一

どんな社会でも、その社会を維持し向上させてゆくためには、優秀な人材が要求される。人間みな平等、というのは真理だけれども、それぞれに得手、不得手もあるし、才能にもバラつきがある。努力の程度もちがう。できる人間、できない人間、という落差はどうしても避けることができない。できる人間を社会のなかからすくいとり、そういう人たちに重要な役割を割りあててゆくこと——それが健康で効率のよい社会をつくるための基本的な条件だ。もしも、能力のない人間が指導者の地位につくようなことがあったら、その社会は、あんまりあかるい未来をもつことができない。だから、きわめて原始的な段階から、こんにちのような複雑な段階にいたるまで、人類の社会は、それぞれのしかたで、すぐれた人間をえらび出すためのくふうをこころみてきた。

そうしたくふうのなかで、とくにすばらしい知恵のひとつとして、中国社会がむかしからつづけていた「科挙」の制度というものがある。この制度については、中、高校の世界史ですでにたいていのかたがご存知のはずだし、くわしくは、たとえば宮崎市定先生による『科挙』（中央公論社）という立派な著書もある。それに、わたしじしんは、べつに東洋史の専門家ではない。だから、あまりくわしくあげつらうことはしない。ただ復習の意味で「科挙」とはどんなものであったのか、ざっとふりかえってみよう。

科挙の制とは、隋、唐の時代、とりわけ唐代にさかんになった人材登用試験のことである。この試験に合格した人は、政府の官吏としての資格と地位をあたえられる。要するに、実力主義の原則によって、才能のある人物をさがし出そう、というわけなのである。

といって、誰でもこの試験が受けられたのではない。受験資格というものがあった。まず長安や洛陽の国立学校で一定の課程を修めかつ推薦をうけた「生徒」。そして、各地方の県および州での試験を突破してそれぞれの地方長官から推薦された「郷貢」。この二種の人たち、つまり、予備試験を通過した資格保有者は「挙人」と呼ばれ、かれらは、毎年、秋になると長安にあつまり、年のはじめの科挙の試験に立ちむかったのである。

合格率は、きわめて低かった。応募者はすくないときでも千人、多いときには二千人にもおよんだが、合格者は三十人ほどだった、というから、競争率は三十倍ないし六十倍。日本の試験地獄がいくらひどいといっても、これとはくらべるべくもない。

合格した人には「進士」という称号があたえられ、官界でのポストが約束された。「進士」のほかにもいろんな種類があったが、くわしく述べる余裕がない。だがすくなくとも唐代における科挙の代表は、「進士」の試験であった。これを通過しなければ、栄達はのぞめなかったのだ。

あらたに「進士」たちが決定すると、かれらは天子みずからのもよおす祝宴に招かれた。とにかく、かれらこそサラブレッド級のエリートである。長安の富豪たちは、娘婿にぜひ、というので競ってこの祝宴にあつまった。エリート選抜の方法として、これほど徹底した例は、他にあまり見あたらない。

宋代になると、科挙の制はさらに厳密になった。いくら公平、といっても、この試験に合格する、しないが人生を明暗二筋道にわけてしまうのだから、一種の予備校のごときものができたり、試験官と受験生のあいだに特殊な関係が生じたり、高位の貴族から政治的圧力がかかったり、要するに入試にまつわるさまざまな不正だの情実だのが発生するようになったのだ。

宋の太祖はこうした不正に気づき、みずからすべての受験生を一堂にあつめて、あらためて試験をやりなおした。天子が直接におこなう試験だから、この新方式を「殿試」という。そしてこのシステムは、すくなくとも形式のうえでは、清朝までつづいた。隋から清まで、というと、六世紀なかばから二十世紀のはじめまで、ということだ。およそ千三百年にわたって、中国の文化は「科挙」という方法によって人材発掘をおこなってきたのである。

二

「殿試」をおこなうようになって問題が解決したか、といえばかならずしもそうではなかった。はっきりいって、受験生にとっては、それはゴマすりの相手と方法がかわったというだけのことでしかなかった。殿試に合格するためには天子の気にいるように媚びへつらえばよかったからである。天子と合格者のあいだには、一種の親分、子分関係のようなものが成立した。そのうえ、帝王というのは、しばしばわがまま勝手な人物である。そのわがままや気まぐれで人間が選抜されれば、ロクなことは起きない。科挙の制というのは、そんなわけで、弊害を完全になくすことはできなかった。

しかし、それにもかかわらず、科挙の制度の背景にある思想は立派であった。すなわち、この方法を採用することによって、中国の社会では、才能のある人物をその身分や貧富にかかわらずさがし出す、という原則が確立されたからだ。

もちろん、学校に入って「生徒」になったり、あるいは、むずかしい詩文を勉強して試験にそなえたりするためには、いくばくかの資力も必要だったろう。極貧の青年には、そういうチャンスはまったくあたえられていなかったかもしれない。だが、能力にかかわりなく、たとえば世襲的な貴族が自動的に権力をにぎる、といったような社会制度にくらべると、万人に門戸をひらく科挙のシステムはきわめて民主的であり、また合理的であったようにみえる。じじつ、中国は、古く六朝時代に門閥貴族による支配の経験があり、唐がとりわけ科挙に熱心になったのは、そうした貴族ないし豪族支配ではとうてい社会の安定した経営ができない、ということに気がついたからだ。有能な官僚群をつくりだし、その力を中核にして行政を展開してゆく——そういう近代官僚制の哲学が、中国大陸ではいまから十四世紀もむかしに成立していたのであった。

この科挙の制度は、海をわたって朝鮮半島におよび、さらに、律令時代の日本にも輸入された。日本の養老令には、ちゃんとこの制度が盛りこまれているのである。もっとも、律令体制というのは、なにごとによらずすべて唐の模倣をすればよい、という、ある意味で安直な政治体制であって、実質的な裏付けをもっていなかったから、法律のうえで科挙の制が発効しても、それは空文化してしまった。日本の学問は、科挙をじっさいに成立させるほどひろがりをもっていなかったのだ。

それにもかかわらず、東洋の漢字三国、すなわち中国、高麗、日本が千年以上もむかしから、すくなくともタテマエのうえで人材をひろく全社会からもとめる、というかんがえ方の洗礼をうけていたということは、文明史的にみて、きわめて重要なことであったようにわたしには思われる。というのは、このような平等主義による人材登用制度は、西洋ではついに成立しなかったからである。

というと、多くの人は奇異に思われるかもしれない。すくなくとも、教科書に書かれているかぎりでは、平等とか民主主義とかいうのはヨーロッパ近代の思想であり、それにたいして、東洋、とりわけ日本などというのは身分制と封建主義でがんじがらめになった後進国、ということになっている。そんなわけで平等原則による公平な試験、というのもたぶん西洋の近代がつくりあげた制度だろう、とかんがえたくなってしまう。

だが、歴史的事実からいえば、それはとんでもないカンちがいだ。「近代」のモデルとされているイギリスで、平等原則にもとづいた官吏の任用試験がおこなわれるようになったのはわずか百年まえ、つまり一八七〇年のことだったし、あんなに自由平等にみえるアメリカでも、一八八三年までは、民主的な官吏任用試験はおこなわれたことがなかったのである。

じっさい、ついこのあいだまで、ヨーロッパやアメリカには官吏を任命するためのはっきりしたルールはなく、しばしば、一定の官職はカネで取引されたりもしていたのだ。西洋の「近代」社会というものを、あんまり理想化してみるのはやめたほうがよい。人材をひろくもとめる、という思想およびその思想の制度化に関するかぎり、東洋のほうが千年以上も先輩なのだし、英米の近代官吏任用法も、打ちあけたところ、中国の科挙の制度をモデルにした、とさえいわれているのである。

三

まえにみたように、科挙の制そのものはすでに律令時代に日本に輸入されたものの、いっこうに実行にうつされる気配はなかった。時代が平安時代になると、そこには藤原氏を中心とする貴族社会ができあがり、もはや科挙どころの話ではなくなっていた。実力主義は、たとえば戦国武士の精神のなかなどにあらあらしいかたちで健在であったけれども、それも封建制の確立とともに消えてゆく運命にあった。たしかに、身分制のようなものがわれわれの祖先たちをしばりつけていた。

しかし、科挙の精神は、千年以上、日本文化のなかに冷凍食品のようなものとして保存されていた。それが一挙に急速な解凍をうけるのが明治以後の社会であった、とわたしはかんがえる。

まずなによりも、明治維新の元勲というのがほとんどひとりの例外もなく、実力主義でのし上った人物であった、という歴史的事実に注目しよう。歴史学者のノーマンなどが指摘するように、明治政府を自由に切り盛りした人物たちは、もとをただせば薩摩、長州の下級武士たちなのであった。岩倉や三条は公卿出身だったけれども、かれらもじつのところは、あんまりパッとしたお公卿さんではなかったようである。身分はいかに低くても、その力量しだいでは、いくらでも出世ができる――そのことを元勲たちは身をもってしめしたのだ。

もはや、明治の新社会には旧社会のエリートたちはほとんど残っていなかった。いや、旧社会の指導者たちを権力の座から追いおとすことによって新社会が成立したのである。そして、そのあたらしい社会の力をつよくするためには有能な人材群が必要であった。どこからそのあたらしい指導者たちをもとめてくるか――明治政府の首脳の心のなかに「科挙」という中国の人材登用制度があったかどうかは知らない。しかし結果的には、非常に似たものになった。開成学校（東京大学の前身）など日本の高等教育機関は、入学試験によって、人材を選抜し、どんどん重要な地位につけたのである。

もちろん、高等教育をうけるには、それなりの下地が必要だったし、封建時代の身分制の名残りもあったから、受験者はおしなべて旧士族であった。だが、原則は万人平等であり、勉強さえすれば、誰でも進学することができた。そして、そうした勉学をはげます、福沢諭吉の『学問のすすめ』は百万部にちかい驚異的な発行部数を誇った。野心にもえる青年たちが、われこそは、と学問にこころざしたのは、けっしてふしぎではなかったのである。

そのうえ、明治五年に公布された「学事奨励に関する仰出され書」は、有名な「邑《むら》に不学の戸なく、家に不学の人なからしめ」るという大原則をつらぬくと同時に、身分、男女の区別なく勉学することを奨励している。学問をひとにぎりの人間が独占するのでなく、すべての人間にチャンスをあたえよう、という姿勢がそこにはあったのだ。

そんなわけで、開成学校の生徒たちは、かならずしも裕福な家庭の出身ではなかった。貧しいけれども学問への情熱にもえ、そして将来を夢みる若ものたちがこの学校にあつまった。制服制帽などもまだなく、唯一の規則は袴をつけることと草履をはくことだったが、ハダシのままの学生もいた。とがめられると「買わんと欲するも、銭なきを奈何せん」と大声でどなりかえす人物もいた。そういう環境のなかで、三宅雪嶺だの田中館愛橘だのといった明治初年の開成学校生徒はそだったのである。貧乏でも才能があればよい――そういう自尊と自負が学生生活にみなぎっていた。

明治十年代になると、高等教育をうけて立身出世をねがう若ものたちが、たくさん東京にあつまるようになった。そのころには、東大のほか、慶應義塾、攻玉社、東京専門学校などいくつかの私立大学もつくられていたけれども、学生数はぜんぶあわせても三千人。受験志願者は、その十倍以上であった。なんべん受験に失敗してもやりなおす人たち、受験にそなえて予備校に通う人たち、あらたに青雲の志を抱いて上京してくる人たち――ぜんぶで四万人から五万人の青年たちが東京の街にみちあふれていた。そういう青年たちのことを総称して「書生」といった。

書生たちは、郷土の先輩有力者の家に寄宿してはたらいたり、こんにちのことばでいえば、さまざまのアルバイトをしながら苦学した。苦労の甲斐あって大学受験に合格すれば、その将来は洋々たるものだったから、書生たちはみずからを未来のエリートとして見立てるのであった。

「書生書生と軽蔑するな　明日は太政官のお役人」

「書生書生と軽蔑するな　大臣参議はみな書生」

書生文化は、明治という時代、そして日本の近代の教育をかんがえるうえで見おとすことのできない重要な役割をになっていたのだ。

四

さいわいにして大学に入学することのできた青年は、その学業をおさめると「学士」になり、成績がよく、郷党の援助でもあると卒業後、外国に留学し、日本に帰るとすぐに高位高官のポストが約束されていた。だから、俗謡にも「学士さまなら嫁にやろ」とうたわれた。

東京に集中した数万の書生、そして「学士」にたいする世間のあこがれ――わたしは、この明治の日本の情景を、唐代の長安の情景にかさねあわせてかんがえたくなってしまう。長安にあつまった「挙人」は「書生」であり、「進士」は「学士」ということであったのではないか。科挙の制が、日本文化のなかで冷凍保存されていた、とわたしがいうのは、右のような事情にもとづくのである。

そして、じっさい、近代日本の人材は、野心にあふれる青年たちを大学入試という関門でふるい分けることによってあつめられたのだ、といっても過言ではないだろう。どんな出身であろうとも、能力のある人間は選抜されて社会的に重要なポジションにすえられたのである。そして、反面、いかにその家族が金持で権力をもっていようとも、成績のわるい人物、無能な人物はすくなくとも、大学入試に関するかぎり、うけいれてはもらえなかった。日本の近代は、人間をもっぱらその実力によって選別する、という思い切った方法で運営されてきたのであった。

国立大学の授業料が、他の物価にくらべて信じられないほど安い、というのもこの点とかかわっている。才能をもちながら、貧困という理由で進学できない人物を出さない、というのが日本のタテマエなのであった。ヨーロッパやアメリカで一流とされる大学は、こんにちでも貧乏人にはほとんど門をとざしている。奨学金をもらえればはなしはべつだが、正規の授業料をはらって、貧しい青年が大学に通うことは、西洋では想像もつかない。

もしも、日本が、明治以後の近代化の過程のなかで世襲貴族だの門閥だのに権力をわたしていたら、たぶんこれまで百年の歴史は、もっとわるい歴史だったにちがいない。才能による選抜、という科挙の方式ですすんできたからこそ、よきにつけあしきにつけ日本は活気にみちあふれた社会になったのである。

しかし、日本の「現代」が、この方式をそのままうけついでいることがはたしてのぞましいか、ということになると大いに疑問がのこる。だいいち、かつての明治社会のように日本はこぢんまりとしてはいない。

こんにち、「書生」群は数百万にのぼり、毎年「学士」になる人も数十万人である。明治時代には、学士さま、といえばまさしくエリートで、ムコさがしの対象でありえたが、これだけ大学生がふえれば「学士」かならずしもエリート、というわけにはゆかない。いや、すでに昭和のはじめから、「大学は出たけれど……」という知識人の失業がはじまっている。学問をすることへの誇らしさ、のようなものも消滅した。明治の学生たちは、苦学しながら野心を失わなかったが、こんにちの学生にはもはや野心もなく、勉強しようという意志すらもない。といっては言いすぎかもしれないが、すくなくともそういう学生がたくさんいる。時代がかわり、社会の構造がかわったのだ。

すでに、現行の大学入試制度がこのままでよいのか、という疑問が投げかけられてからひさしいが、いっこうに改革案のごときものにはおめにかからない。ときに改革案が出されてもウヤムヤになってしまう。現代の日本は、ひょっとすると、科挙の制度を徹底的に形式化し、これ以上わるくならないというところまで堕落させた社会なのかもしれない。「教育」ということばをきくと、すぐに「試験」ということばを連想し、「試験」ということばを連想したとたんに、子どもも若ものも親たちも憂鬱な顔つきになってしまうのが日本の現実であるとするならば、わたしたちは、そのかげにある科挙の亡霊をいまこそしっかり見つめるべきであろう。現代は、まったくあたらしい選抜の哲学と方法を必要としているのである。

「専門」とはなにか

一

アメリカの小学校の実験学級というのを見たことがある。実験学級であるから、あくまで、その運営のしかたはアメリカの教育の現状からみて例外的というべきだろうが、見ていて、たいへんおもしろかった。どんな点でおもしろかったのか。要するに、この学級では、わたしたちが一般的に知っている「教科目」がごちゃまぜになっているのである。いや、ごちゃまぜ、というよりは、そもそも「教科目」というかんがえかたじたいがそこでは極力、排除されているのである。

たとえば、その学級では、子どもが歩くときの歩幅は何センチだろうか、といったような問題から討議がはじまる。やってみよう、というので、ひとりひとりがためしてみる。六十センチの子もいるし、五十五センチの子もいる。人間のからだのもつバラエティがたしかめられる。いったん、歩幅がわかると、それでは、運動場のまわりは何メートルあるか、歩幅でしらべることはできないか、と先生が質問をする。カケ算をすればいい、と子どもがいう。それじゃ、やってみよう。子どもたちは、運動場に出て、歩きはじめる。一回まわって帰ってくる。さあ、一回だけで決めていいのかな？　と先生がいう。そうだ、平均をとってみなくちゃ。子どもたちは、二回も三回もまわる。それで、一時間ないし二時間がすぎる。在来の教科目でいうと、数学と体育がみごとに結合しているのである。

べつな時間は、まず、メリケン粉、砂糖、タマゴ、などの食料品を机のうえにならべて先生が話しはじめる。メリケン粉はデンプンである。デンプンの存在はどうやってたしかめるか——ヨード実験をやってみる。砂糖というのは、どんなふうにつくられるか——砂糖生産のスライドが用意されていて、砂糖キビ畑というのがどんなものか、子どもたちは教えられる。タマゴについても、その生物学的な説明がほどこされる。

ひととおり、これらの学習がすむと、これでケーキをつくってみよう、ということになる。材料をまぜあわせ、かたちをつくり、オヴンにいれるまえに、目方をはかる。焼いているあいだは、なぜ、ベーキング・パウダーをいれるとふくらむか、についての化学の授業がある。ケーキが焼きあがると、そこでふたたび目方をはかり、水分がどれだけ蒸発したかを計算する。そして、できあがったケーキを、そのグループの子どもたちが公平にわけるとすると、ケーキの中心角は何度であるか、の計算が命ぜられる。六人、九人、などというキリのいい人数なら計算は簡単だが、七人、十一人などだと、いくらやっても割り切れない。割り切れないから、そこで循環小数というものについて説明があり、概数のとらえかたが教えられる。そして、ひととおり済んだところで、ケーキを切りわけ、みんなで食べて、それで授業がおわる。このばあいには、「教科目」的にいうと、理科、算数、社会、家庭の各科が一体化しているのである。

実験学級の子どもたちは、こうした授業をおもしろがっている。算数とか理科とか、ひとつひとつの科目がバラバラに切りはなされているときには退屈する子どもでも、このような実験授業には、目をかがやかせて惹きつけられている。そういう姿を見ながら、わたしはかんがえた。いったい、「教科目」とはなんなのであろうか。

もともと、人間の知識というのは、かなりの程度まで総合的なものである。べつだん、われわれお互いの頭のなかにたくさんのヒキ出しが用意されていて、これが数学、こっちが歴史、というふうにきっちり知識が区分けされているわけのものでもない。庭つくりの好きな主婦は、草花のうつくしさを愛するが、同時に、植物学についてなにがしかの勉強もしているだろう。だが、そうかといって、花つくりにあたって、ここからここまでが美学、こっちは植物学、というようなはっきりした境界線をもっているわけではない。ふたつはいっしょに織りあわされているのである。それにひょっとすると、生け花の趣味という、もう一本の糸がからみあっているかもしれないし、さらにインテリア・デザインへの関心がかさなっているかもしれぬ。庭つくりというのも、ひとつの総合的ないとなみなのだ。

二

わたしは、「教科目」というものを中心にしてかんがえ、たとえば実験学級でおこなわれているような「総合」の必要を論じてきた。しかし、ふりかえってみると、われわれは、はじめから「教科目」というものをもっていたわけではなさそうである。わたしのかんがえでは、およそ「教科目」というのは、ひとつの歴史的な産物であって、こんな妙ちくりんなものにおつきあいしながら「教育」がおこなわれるようになったのは、ごくさいきんのことなのである。

日本でも西洋でも、ついこのあいだまでは「学問」とは、しょせん「学問」ということであり、その「学問」とは、要するに知識を探求する、ということ以外のなにものでもなかった。知識の領域は、ぼんやりとわかれていたけれども、ひとりの人間の内部では、さまざまな領域にわたっての好奇心がひとつに統合されていた。レオナルド・ダ・ヴィンチなどはその典型ともいうべき人物であって、かれはいっぽうでは、揚水機だのハシゴ車だの飛行機の原型などをつくりながら、他方では人体解剖図をつくったり、流体の研究をしたりもした。そして、人生論も書いたし、あの「モナ・リザ」をもふくめて、たくさんの名画ものこした。かれののこした論考は五千枚におよび、そのテーマは、万華鏡のごとく多岐にわたっているのである。

だからこそ、ダ・ヴィンチは、しばしば「天才」だ、といわれる。たしかにかれは天才であった。しかし、かれが例外的な頭脳であったことはみとめなければなるまいが、だいたい、ルネッサンスのころまでの「知識人」というものは、おしなべていうならば、こうした存在ではなかったのだろうか。「物理学」だの「生物学」だの「機械工学」だのという、もろもろの「学」の名前は、当時の世界では知られていなかった。すくなくとも、こんにちのような意味での厳密な境界線をもってはいなかった。境界線があったとしても、いろんな知的探求の作業は互いに融合しあい、ひとりの人間の内部で統合されていた。

ギリシャ時代には、たくさんの思想家がいた。たとえば、ピタゴラスのように、幾何学の定理を発見した人もいたし、アルキメデスのように、物理学の探求をした人もいる。アリストテレスのような哲学者もいたし、ヒポクラテスのごとき医学者もいた。ギリシャの学問というのは、すばらしい学者たちによって形成されていたのである。しかし、こうした学者たちを、哲学者、物理学者、といったようなことばでひとりひとり、しめくくるのは、ひょっとすると、現代という時代に生きるわれわれのもののかんがえかたの投影にすぎないのかもしれない。ヒポクラテスは、たしかに、人間のからだの仕組みと、健康について論じたけれど、かれじしんがみずからを「医学」の「専門家」とかんがえていたかどうかは、わたしなどにいわせれば、すくなからず疑問だ。こんにちのことばでいえば、ギリシャの学者たちは、それぞれが、ひとりで多面的な知識人であった。ひとりの人間が、こんにちのことばでいえば、「物理学者」、「哲学者」、「数学者」、「政治学者」等々のたくさんの「専門」を兼ねそなえていた、というのがどうやら歴史的事実というものなのである。プラトンが、おれは「哲学者」なのだから、「専門」外のことは何も知らないよ、などと開きなおっていた、とはわたしには思えない。かれに「哲学者」という名前をあたえたのは、要するに、後世の人びとなのであった。

それとおなじことで、ダ・ヴィンチもまた、みずからをなにがしかの「専門」に閉じこめる、ということはしていなかったのではないか。かれは、あらゆることに興味をもち、その興味のおもむくままに、あらゆることをしてみた、というだけのことなのである。「専門」という名の、ふしぎな制限をもたなかったことがあの、のびやかで雄大なひとりの人物をつくったのだ。学問とか知識とかいうものは、じっさいは茫洋としていて、どこにも境界線なんか、ありはしない。もろもろの「学」というのは、いわば、羊カンを切りわけるごとくに、人間のがわが勝手にその茫洋たる世界を便宜上、わけてみたということにすぎないのであって、学問そのものが、はじめからバラバラに存在していたわけではないのだ。学問は、なんとか「学」という個別の「専門」学である以前に、要するに学問であり、学者は、なんとか「学」者である以前に、要するに学者なのである。切りわけられたひときれの羊カンを「学問」だと思いこみ、その「専門」にみずからを閉じこめてしまうのは、学者として、とんでもないカンちがいだ。そのカンちがいを、学生たちが「専門バカ」という、ミもフタもない荒っぽいことばで批判するのも、けっしてまちがいではないのである。

三

学問といい、教育といい、そこで人間が目標とするのは、多面的な人間像であろう。切りわけられた羊カンだけにしか興味をもつことのない「専門バカ」をつくることは、教育の目標ではない。しかし、それでは、いったい、どうしたらいいのか。

わたしは、まず、こんにちの学問の世界での「専門」とか、その展開応用としての教育における「教科目」とかいったものが、はたしてこのままでよいのか、というところからかんがえてみたい。

いうまでもないことだが、社会の進歩というものは、分業の進行によってもたらされる。ひとりの人間が、畑を耕し、家をつくり、魚を釣っているよりも、農民と、大工と、漁師、というふうに三種類の職業人が分化するほうが、社会効率は、はるかに高い。われわれの生きている現代は、そうした社会的分業が極度に進行した社会だ。大ざっぱな分類でも、日本には、いま八万種類ほどの職業があり、さらにこまかくわければ、何十万種類もの職業人が互いに手わけをして、ものをつくったり、流通させたり、サービスを提供したりしながら生活している。日本が、ともかく達成したゆたかさは、このようなこまやかな社会的分業に負うところが大きい。

学問の世界についても、おなじことがいえる。あれやこれやと、いろんなところに関心が分散していたのでは、あんまり効率があがらない。知識の総量が社会的に増加すればするだけ、ひとりひとりの学者が手わけして「専門化」してゆくことがどうしても必要になってくる。こんにちの学問が、こまかく「専門」にわかれてしまったことは、無理からぬことだし、いま、すべての人間にレオナルドのごとくあれと注文することは、あきらかに時代錯誤といわなければならない。

さて、こんにちの学問や教育の「分業」はわたしのみるところでは、十九世紀の産物である。ヨーロッパでは、たとえばコントのような学者が、さまざまな学問の分業と系統的な組織化を提案した。もろもろの「学」は、その後に、いわばネズミ講式に分化に分化をかさね、いまや、わたしなどには、諸学の全貌をつかみかねるところまでひろがってしまっているのである。むかしは、学者は学者であるという、きわめて単純明快なる理由によって、森羅万象にわたるあらゆる会話をたのしむことができた。「知識人」は、ひとつのクラブを形成することができた。しかし、いまの学者、知識人には、じつのところ、しばしば共通の話題がなくなってしまっているのである。たとえば、山形県の藩政資料をしらべている「専門家」と、カマキリの消化器官の細胞を研究している「専門家」とのあいだでは会話は成立しえないし、コンピューターの部品の金属の研究開発にいそしんでいる「専門家」と、アイスランドの火山を研究している「専門家」とをむすぶこともむずかしい。とりわけ、その「専門家」たちが、「専門」のことだけに熱中しているばあいには。

しかし、それでいいのだろうか、というのがわたしの疑問なのである。知識のありかたがバラバラであればあるほど、じつは、それを互いにつなぎあわせ、総合化する努力が必要なのではないか。そして、人間のがわも、かつての人間がもっていた健全な多面性を要求されているのではないか。

それだけではない。じっさい、小、中学校の教科目などをみているかぎりでは、理科と数学、国語と社会、などは、べつべつに教えられるよりも、これを総合してしまったほうがずっと身についた勉強になるのではないか、とわたしなどは思うのだ。アメリカの各州の教育委員会はこの問題に挑戦して、まったくあたらしいカリキュラムをつくっている。すなわち、ある州では、小学校の課目を「わたしたちの環境」、「ひととひとをむすぶもの」、「わたしたち自身」、という三つにわけ、この第一の課目に従来の理科、社会などに相当するものをいれ、第二の課目に国語、社会、倫理、第三に図工、生物、体育などをはめこんで、在来のカリキュラムの名称もだんだん廃止してゆく、というプランが検討されているらしい。

カエル一匹をつかまえる、ということは、たんに理科の話だけにとどまるものではない。カエルを主人公にした民話をみんなでかんがえることもできるだろうし、カエルをケースにいれて写生することもできるだろう、いろんな種類のカエルを図鑑でしらべることによって、世界地理を勉強したっていい。学習というものは、そういうものでなければならない、とわたしはかんがえる。

四

多面的人間というのは、いまでもけっしてすくなくはない。たとえば、コールというイギリスの経済学者は、経済の理論家であると同時に経済閣僚をつとめることができたし、そのうえ、この人は、おどろいたことに、推理小説の作家としても知られている。ガルブレイスも経済学者であると同時に、たいへん洞察にみちた人類学の本の著者でもある。チャーチルは、軍人、政治家、そして画家であった。現代のヨーロッパにも、たとえばオーケストラの指揮のできる首相とか、ポピュラー・ミュージックの作曲家としても知られる閣僚がいたりする。さいきん訪日したアンドレ・マルローなどになると、作家、ゲリラ、大臣、パイロット、それに泥棒まで経験している。マルローは、まさし

く一個の多面的人間なのだ。

ハインリッヒ・シュリーマンという人物をご存知だろうか。かれは、その存在じたいがひとつのドラマであった。十九世紀のはじめ、ドイツの貧しい牧師の家にうまれたシュリーマンは、日本流にいえば、丁稚からたたきあげて商人になり、ヨーロッパ各地で商売をつづけ、さいごにはロシアで大成功をおさめ、ついに、セント・ペテルスブルグの帝国銀行総裁にまでなった。それだけなら、ありふれた成功物語にすぎないだろうが、シュリーマンは、その商売のかたわら、英語、フランス語、ポルトガル語など数か国語をマスターし、古代ギリシャ語まで身につけてしまう。そして、四十歳をすぎたころ、商売から引退して、なんと、古代ギリシャの物語に出てくるトロイの町をさがす、というたいへんなしごとに挑戦する。物語のなかでは、トロイという地名があらわれるが、それがどこにあったのかさっぱりわからない。シュリーマンは、トロイが伝説上の都市であるのではなく、かならず実在していたはずだ、という信念のもとに発掘隊を組織し、地中にすっかり埋没してしまっていたトロイの町をみごとに発見したのである。シュリーマンは、大実業家であると同時に、近代考古学の父でもあったのだ。

このような人間は、数はすくないけれど、いまなお、ときどき存在する。だがそれは、「専門」というこころよい密室にとじこもる大多数の学者たちとくらべると、完全に少数派だ。とくに、日本の社会では、このタイプの人物は、めったに見あたらない。政治は政治家、商売は実業家、学問は学者、音楽は音楽家——みんなが整然と分業して黙々とはたらいている。そして、それが、日本の「繁栄」をつくってきたことにまちがいはあるまい。

しかし、わたしは、オーケストラの指揮のできる首相だの、考古学的発掘をみずからこころみる実業家だの、といった、はばの広い大きな人物のいる社会は、ほんとうに学問だの知識だのがたのしく生きている社会なのではないか、と思う。そして、そんなふうに多面的な人間をそだてる社会は、きっと、いい社会なのだろうと思う。わたしは、多面的な人間の例として、何人かの日本人をあげてみようとかんがえたのだが、そして、日本にも、その例がないわけではないのだが、シュリーマンだのマルローだのという、あの大きさをかんがえてみると、日本にはそれに匹敵する人物がいないことに気がついたのであった。日本は、ナワ張り根性のつよい国であり、ひとは「専門」にとじこもることによってのみ安全保障にめぐまれる国なのである。多面的存在としての人間を、日本の文化は排除することが多いのだ。たとえば、お医者さんのなかには、絵をかいたり、俳句をつくったりという趣味人が多く、そのなかには、プロとして立派に名の通ったかたもすくなくない。しかし、ある絵の上手なお医者さんが、むかし、わたしにいわれたことがある——絵があんまりじょうずになりすぎると、道楽ものの医者なんか信用できないっていうんで患者が減りますからね、目立ってはいけません。

要するに、多面的人間は、いわゆる「器用貧乏」になってしまうのである。それは、人間にとっても、社会にとっても、あんまりしあわせなことではない。小、中学校の「教科目」から大学の「専門」にいたる、知識のナワ張りをもういちど崩してみることが、たぶん日本の教育にとって、いちばんたいせつなことなのである。

外国語の教育

一

近代の日本の学問は、西洋の書物を読み、それを翻訳することからはじまった。なにしろ、ながいあいだにわたって鎖国政策がつづけられていて、世界にむけての目と耳が閉ざされていたわけだから、近代の文明の進歩に追いつくためには、先進諸国、すなわち西洋に学ばねばならず、そのためには西洋のことばを勉強することがどうしても必要だったのである。そして、われわれの祖先たちは、そんなふうに西洋と西洋のことばを勉強することにたいへんに熱心であった。

幕末の風雲急なころ、すでに「蕃書調所」というのができていた。読んで字のごとく、これは西洋の書物を調査する一種の翻訳機関であって、外国語のできる担当官たちが、新着の外国の雑誌や書物を読んで、その要約をつくり、幕府の高官たちは、それらの翻訳をつうじて世界の情勢をすこしずつ学んでいたのである。じっさい、日本における近代のさいしょの新聞も「官板バタビヤ新聞」と呼ばれるものであって、これはバタビア（インドネシア）で発行されていたオランダ語の新聞を日本語に翻訳したもの。要するに、新聞というのも、その原形は、海外ニュースの紹介という性質のものだったのである。「蕃書調所」は、維新後に「開成学校」という学校になり、その学校はさらに発展してこんにちの東京大学になった。そして、そのことが象徴的に物語るように、日本の学問というのは、翻訳学という性格をさいしょから背負いこんでいたのである。外国から本をとりよせてそれを読み、内容を紹介すること——学者の役割は、しばしば、そういう翻訳ないし紹介係であったし、その伝統は、こんにちもなおつづいている。日本で「学問的」な論文、というのは、外国の本からの引用でちりばめられた論文、ということであり、たとえその外国の書物が二流、三流の書物であっても、外国語がたくさん使われている、というそれだけの理由で学者が尊敬されたりもする。それは滑稽なことだけれども、明治の文明開化というのがそういう性質のものであり、こんにちの学問がそういう伝統のうえに成立しているのだからしかたがない。

そんなことが背景になって、日本ではこれまで一世紀にわたって、外国語の学習がきわめてさかんであった。べつだん、学者になるというわけではなくても、とにかく外国語を勉強するということは日本人にとっての基礎教養の一部を形成するものであり、たくさんの人が、なんらかのかたちで外国語を身につけるべく努力をかさねてきている。

そのことは、けっしてわるいことではない。むしろ、文化にとって、のぞましいことである。外国語を学ぶ、ということは、その国語をつうじて、ひとつのもののかんがえ方を学ぶということであり、そのことによって、人間の心と視野はひろがってゆく。もちろん母国語だけで生活するのがわれわれの大部分の人生というものであって、外国語の大達人になることなんか、あまり目標にしないでもよろしい。たいていの人にとって、外国語は、一般教養の一部であってよろしいのである。

じっさいのところ、いま、日本の中学ではほとんどすべての生徒が外国語を週に三時間ないし五時間は勉強しており、中学は義務教育であるから、日本の若い世代の人びとは、百パーセントにちかい高い率で、外国語を学んでいる、ということになるだろう。しかし、そのすべての生徒たちが、外国語を自由にあやつるようになる、などとかんがえるのは大きなまちがいだ。多くの日本人にとって、中学、そして高校と、六年間にわたって勉強する外国語は、要するに、いくつかの基本的な単語と、簡単な文法規則のようなものをおぼえるということであるにすぎず、せいぜい必要に応じて、辞書を片手に外国語で書かれたものを、おぼろ気に読むことができればそれで上出来なのだ。それ以上のことを外国語教育にのぞむのは無理なことだし、放っておいても、すくなからぬ数の人たちは、かなりじょうずに外国語を使うようになる。人間には得手、不得手もあるのだし、専門は専門家にまかせたらよろしい。外国語が読めなくても、翻訳でたいていのことは間にあう。それはそれでよいのである。

二

しかし、こんにちの日本での外国語教育には、基本的に困ったことがいくつかある。そうした問題点については、これまで、べつなところで論じたこともあるけれども、いっこうに事態がよくならないから、くりかえさなければならない。

まず第一に、日本の外国語教育に大きなかたよりがある、という事実に注意しよう。これまでわたしは「外国語」「外国語」というややあいまいな表現を使ってきたけれども、こんにちわれわれが「外国語」というばあい、それは主としてたったひとつの外国語、すなわち「英語」のことを意味していることが多い。中、高校で教えられている外国語は、ほとんど無視してよいほどの少数の例をのぞいて、ことごとく英語なのである。

もちろん、英語というのは、こんにちの世界でひろく使われている主要言語のひとつである。そのことをわたしは否定しようとは思わない。しかし、英語のほかにも、いくつかの重要な言語がある。いうまでもなく、フランス語とドイツ語は大学で第二外国語として教えられていることが多いから、それは例外として、スペイン語、ロシア語、中国語、といった外国語もたいへんに大事な言語だ。ところが、これらの外国語を勉強している日本人というのは、きわめてすくないのである。ましてや、アラブ諸民族の言語とか、マレー語、タイ語とか、あるいはアフリカ大陸諸部族の言語とかいうことになると、それらの言語のわかる日本人は、日本国じゅうをさがしても何百人、というごくかぎられた数のものでしかない。何千万人という人間が英語を勉強しているのとくらべて、これはいったい、どういうことなのか。

いま、この地球のうえには、三十五億ほどの人間が、百いくつの国にわかれて生活している。そして、話されている言語も何百種類あるかわからない。そのなかで、英語を母国語としている人は、せいぜい三億ほど。それほど通用範囲のせまい言語を、どうしてことごとくの日本人が学ばなければならないのであろうか。わたしは、そのことをいぶかしく思う。

もちろん、こういう言い方は、すこし極端でありすぎる。なるほど、英語を母国語としている人は三億人ほどだろうけれど、この言語はかなり勢力のある言語であって、世界じゅうどこに行っても、一人や二人は英語のあやつれる人がいる。だから、英語の通用範囲は、ひろいといえばひろい。しかし、もしも英語という言語を世界の「共通語」だとかんがえる人がいるとしたら、それは大きなまちがいといわなければならぬ。英語は、そうやたらに通じるものではないのだ。

たとえば、フランスやイタリーで英語が通じることはきわめてまれである。ソヴィエトでも、まず英語は通用しない。アジア、アフリカ、南米でも、観光客のよく泊るホテルのフロント係などをのぞけば、英語はいっこうに使いものにならぬ。

旅行用の英語ならまあよろしい。しかし、英語以外の言語で書かれた新聞、雑誌、書籍などを読める日本人がこう少なくては、世界の様子を客観的にみることもむずかしい。外交や貿易の面でも、ぐあいのわるいことが発生する。たとえば、例の石油危機のような事態に直面してみると、アラブ世界でなにがどうなっているのかを知ることが重要になってくるのに、アラブ圏の言語を読んだり、しゃべったりすることのできる日本人があんまりいないので、正確な情報がなかなかつかめなかった。外国の通信社が送ってくる英語のニュースだけが手がかりなのである。

べつなことばでいえば、日本人は、英語世界にはやたらに明るいのに、他の言語圏については、ぜんぜんなにもわかっていないのである。このかたよりは、困ったことではないのか。

統計によると、日本の高等教育は世界の最高水準を達成している。そして、おどろいたことに、大学、短大をふくめて、毎年、十万人の若ものが「英語、英文学」を専攻課目として入学し、ほぼ同数が毎年、卒業している、という。これは、おどろくべき数字といわなければならない。いったい、どこの国に、単一の外国語を毎年十万人もが大学で専攻するという例があるだろうか。

わたしは、この十万人のうち、一万人でいいから、他の外国語を専攻するように振りわけができないものだろうか、と思う。とりわけ、アジア諸国の言語を勉強する機会がつくれないものだろうか、と思う。もしも、われわれ日本人が「アジアはひとつ」というスローガンをほんとうに信じているのだとしたら、アジア言語を勉強する若ものが、もっともっと増加することが当然であり、かつ、のぞましいことだ、とわたしはかんがえる。外国語、すなわち英語、という短絡が日本の教育を支配するかぎり、われわれ日本人と世界をつなぐ方法は、かなり、いびつなものでありつづけるにちがいないのだ。

三

そのうえ、この十万人の勉強している英語が、はたして、いちばん有効な方法で教えられているか、ということになると、ここでも疑問が起きる。第一に、すくなくともわたしのみるところでは、日本の学校で教えられている英語は、いっこうに使いものにならない。

なによりも、むずかしすぎるのである。どこの言語であっても、平易で明快な文章というのがあるはずだし、外国人が学ぶにあたっては、そういうわかりやすい文章をたくさん読むのがいい、とわたしなどは固く信じて疑わないのだけれど、日本の学校では、よりによって、やたらにむずかしい文章を読ませる。単語だって、めったに使わないような勿体ぶったことばが多く、文章の構文ときたら、ひねくれていて複雑怪奇。それを翻訳することは、あたかも、パズルを解くがごときものであることが多い。だから、たいていの若ものたちは、英語はむずかしいもの、と思いこんでしまう。

しかし、じっさいは、そうではない。はやいはなし、日本語のばあいをかんがえてみたらよい。おなじことを表現するのに、わかりやすく書かれた文章もあれば、持ってまわっためんどくさい文章もある。そういうめんどくさい文章は、お互い、日本語を母語とするわれわれにとっても、解読不可能である。それとおなじことで、めんどくさい表現を使った英語は、イギリス人、アメリカ人にも解読不可能なのである。すくなくとも、解読のためにはすくなからぬ努力が必要なのである。そして、そういう、複雑な文章が、日本の英語教育では好んで使われる。

いったい、なぜか。わたしのみるところでは、それは、英語の先生たちの職業的自己防衛と深く関係している。もしも、英語というのが、すらすらとわかりやすいものであるとしたら、先生たちは、脅威にさらされる。権威をうしなう。先生が権威を保持しつづけるためには、英語はむずかしくなければならない。君たちにはわからないだろうが、これはこういう意味なのだよ、と威張れることが、英語にかぎらず、およそ先生とか専門家とか呼ばれる人たちの職業的な誇りなのであって、そのためには、教える内容が、とうていシロウトには歯が立たないようなむずかしいものであることがのぞましい。じっさい、わたしの経験のなかでも、そういう変ちくりんなことがいままでにたくさんあった。

たとえば、ある建築家が、あたらしいビルの説明をした席につらなったことがある。かれは、たいへんむずかしいことばを使って話をした。なるほど、現代の建築というのは、シロウトにはさっぱり理解のできない深遠なものだ、と聴いているシロウトたちは感服した。かれの説明のなかに「垂直移動装置」ということばが何回か使われた。質問は？　とその建築家は聴衆にむかって語りかけた。わたしは手をあげて、「要するに、その〝垂直移動装置〟というのは、エレベーターってことなんでしょう」とたずねた。そのときのかれの表情はすさまじかった。かれは、わたしを睨むようにじっと見つめ、こう答えたのである。「はあ、世間ではそう呼んでいるようですね」

専門家が専門家であるための条件とは、おおむねこうした性質のものなのである。常識的に、簡単に話せることを、わざわざむずかしいことばで話す。シロウトがそれに感心する。専門家というのは、そういうものだ。わからないこと、むずかしいことを知っているということ（あるいは、そういうフリをすること）が専門家の権威を保つ方法なのである。英語もその例外ではない。先生たちの権威のために、英語はむずかしくなければならないのである。

われわれの多くは、そのとばっちりを受けて、ひねくれた英語を勉強している。たとえば大学入試の英語の問題をかんがえてみたらよい。入試における英文和訳の文章は、しばしば、判じものだ。何年かまえに、ある週刊誌が、入試英語はこれでよいのか、といったような特集をしたことがあった。そのとき、コメントを求められたあるイギリス人は、ある大学の入試問題をみて、わかりません、と答えていた。イギリス人にもわからない英語——そういう英語をわれわれは学校で習ってきたのである。

四

そういう、むずかしい英語を相手にして、しかも、われわれのやっていることの大部分が「英文和訳」である、というのも問題だ。要するに、横文字を日本語に翻訳することが英語教育ということなのであって、その逆、つまり、日本語を英語になおすということを、日本人はあんまり勉強していない。

もちろん、英作文、というのはある。しかし、英語教育の主流は、英語から日本語へ、という一方通行だ。その結果として、日本文化のなかでは、英語の本を日本語に翻訳することのできる人は山ほどいるのに、日本語で書かれたものを英語になおすことのできる人はきわめてすくない、という現象がうまれてしまった。つまり、読むことはできても、書くことができないのである。ひとのいうことはわかっても、ひとにわからせることができないのである。あるいは、表現力というものが、さっぱり訓練されていないのである。

はじめにもふれたように、日本という国はそもそもが翻訳文化のうえにのって近代化をすすめてきた国である。西洋人の言説から学んで日本人はこれまでの百年を生きてきた。だから、目と耳は、たいへんによく発達した。じっさい、日本では、世界じゅうの重要な著作物が古典から現代にいたるまで、ことごとく日本語で入手できる。プラトンも、マルクスも、ダンテもプルーストも、ぜんぶ日本語に翻訳されており、しかもそれらの多くは、文庫本になっているから、誰にでも手軽に買うことができる。こんなにたくさんの外国の著作物が翻訳され、それらをこんなにたくさんの人びとが読んでいる国は、日本のほかにには、まず見当らない、といってさしつかえないだろう。

あるアメリカ人の学者は、なかば冗談、なかば真剣に、日本語さえマスターしたら他の外国語は必要ない、と断言した。日本語が読めれば、他のさまざまの言語で書かれた書物を日本語訳で読むことができるから、というのがその理由である。

しかし、それほどに目と耳が発達しているのと対照的に、口のほうがいっこうにうごかない。だから毎年、何百冊、いやひょっとしたら何千冊という数の書物が外国語から日本語に翻訳されているのに、日本語の本で外国語に翻訳されるものは、数十冊にもみたない、というたいへんにバランスの失われた状態がいまなおつづいているようなのだ。

文化ぜんたいがそういう傾向をもっているから、個人のレベルでも、日本人の外国語はもっぱら受動的である。日本の大多数の学者は、外国の本を読んだり、翻訳したりはするけれど、みずからの意見なり、研究成果なりを外国語で発表することはしない。日本人の外国語は、着信専用であって、なかなか発信用の道具としては使われにくいのである。いや、発信用の道具として外国語を教えることを日本の教育は怠ってきたのである。

ほうぼうに、英会話の学校がある。話しことばとしての英語を一般の学校教育では教えてくれないのだから、多くの人が、英会話学校で勉強するのは結構なことだけれども、しかし、そういう授業を見学に行ってみても、けっして自己表現はじょうずでない。「いま何時ですか」「九時です」といった程度の会話は、まあ、できるし、また海外旅行での買物英語もどうにかこなせる。しかし、あることがらについての、じぶんの意見を堂々とのべる、といった訓練は、ほとんどおこなわれていない。

もしも、新聞や雑誌がけたたましく論じつづけているように、いま日本が「国際化」時代を迎えようとしているのだとするのならば、そして、とりわけ「発言力」を強くしようとしているのならば、英語をふくめて、多くの外国語によってみずからを表現する教育がもっと力づけられなければならないだろう。

わたしの見ているかぎりでは、いまの若い世代は、どんどん外国語がじょうずになっている。かれらは大胆に海外旅行にも出かけるし、会話もする。しかし、それにプラスして、まとまったことを、誰にでもわかるように堂々としゃべったり、書いたりする能力が開発されなければならない。どうでもいいようなつまらないことを、じょうずな英語でしゃべるのを「国際人」だと思ったらまちがいだ。外国語教育の基本になるのは、まず、ちゃんとした日本人をつくることなのである。そういう日本人が表現力をもったときこそ、日本は、正しい意味で「国際化」に成功するときであろう。これまで百年間にわたってつづいてきた「国際化」の一方通行をひっくりかえすことは、けっして容易なことではないのである。

学問の流動性

一

アメリカの大学で教えていると、ずいぶんいろんな背景をもった学生に会う。

たとえば、A君はニュー・ヨーク州の出身だがカリフォルニア大学にはいった。さいしょの二年間は、そこで勉強していたのだが、かれの興味のある分野についての専門講座がないので、つぎの二年間はシカゴで勉強し、そこを卒業した。大学院に進もうという気持ちがあったのだがカネがない。ある日、掲示板をみていたら、おなじ中西部の州立大学でかれのやろうとしているテーマについての大学院の奨学金があることがわかった。応募したら、さいわい受けいれてもらえたので、そこで修士号をとった。

Bさんは、南部の小さな町で生まれた。大学は北部に行きたいと思った。だから、マサチューセッツのある女子大学に入り、そこを卒業した。卒業して、航空会社に就職した。休暇でメキシコに出かけ、何日か滞在していたら、とてもメキシコが好きになった。

この国について、勉強してみたい、と思った。アメリカに戻って、むかしの先生に相談したら、それならカリフォルニアのある大学にメキシコ研究のいい講座がある、そこに行ってみたら——という助言をしてくれた。職場生活三年で、さいわい多少のたくわえもできていた。彼女はためらいなく、そのカリフォルニアの大学に移ってふたたび勉学生活にはいり、メキシコ研究で修士号をとった。

C君は、A君とおなじくニュー・ヨークの出身。いろんな点で便利なのでニュー・ヨークの大学にすすみ、化学を専攻した。成績がよかったので、そのまま奨学金をもらい、おなじ大学で修士号をとった。しかし、化学をやりながら、ヨーロッパの歴史に興味をもった。ひょっとすると、化学よりも歴史のほうがじぶんに向いているのではないか、とさえ思った。だから化学の修士課程を終えると、おなじ専門で博士課程にすすむのでなく、あらためて歴史学部の修士課程に入りなおした。一学期をすごして、どうもおもしろい先生にめぐりあえなかった。そこで、カナダのある大学に転学してみた。そこでも満足できず、一年後に、こんどはニュー・イングランドの大学に移り、そこで修士号をとった。

ひとりひとり紹介していたらキリがないが、こういう雑多な経験をもった修士たちがあつまって、ある大学の社会学の博士課程に在学中、というわけなのである。年齢からいっても、中途で就職したBさんなどのばあいはもう三十歳をこしているし、なかには、もっと年長の人もいる。A君などは若いほうの筆頭で二十五歳。だから、アメリカの博士課程というのは、それぞれにユニークな経験の持主たちの集合体なのである。わるくいえば、それぞれにひとクセもふたクセもある人物たちだが、よくいえば、ゆたかな経験のある個性ある人物たちだ。そして、まさしくそのゆえに、かれらの討論はつねに新鮮であり、おもしろい。

わたしがこのような経験をひきあいに出さなければならないのも、じつは、こうしたアメリカの大学の風景と日本のそれとがあまりにも対照的であるからなのである。おなじ「大学」ということばが使われているものの、その内容は、大げさにいえば水と油。ぜんぜん異質でとけあわない。

右にあげたアメリカの教室の風景とくらべてみると、まず日本の大学では、学生たちがことごとく若い。入学試験のとき浪人したか、あるいは、高校からストレートに入れたか、によって二歳くらいのちがいはある。留年でもすれば年齢差は三、四歳になるかもしれないが、三十代の学生などというのはいない。そのうえ、大学院というレベルでみると、その学生たちの大部分は、その大学の学部卒業生である。大学の入試に受かって、そのまま四年間をおなじところですごし、さらにそのおなじ大学の大学院で数年をすごす。つきあう友人たちもおなじなら、教えをうける先生たちもおなじ。要するに、異質なものとのまじわりということが、いっこうにおこなわれていないのである。だから、授業だの討論だのは、おしなべてつまらない。お互いに、わかりすぎてしまっているのだ。いろんな体験の持主が、それぞれの持ち味をぶつけあって火花を散らす、といったことがあまりない。

二

だいいち、日本の高等教育制度のなかでは、学生の大学間移動ということがゆるされていない。いや、ゆるされていない、といっては極端だが、いっぽうの大学を退学したうえであらためて転入学試験をうけ、それに合格しなければ移動できない。そして、合格率は低い。実質的に、日本では、いったんある大学にはいったら、そこを卒業しなければならぬ。というよりも、大学というものはそういうものだ、と多くの人びとは思いこんでしまっている。A大学に入った学生が、中途でB大学に移る、といったことを、そもそもかんがえることとさえない。

しかし、わたしなどの経験からいっても、大学レベルの教育というのは、それぞれの大学とその大学の先生たちの個性によってずいぶん内容がちがうものだ。たとえば、わたしの専門でいうと「社会学」という学問があるのだけれど、おなじ「社会学」という看板がかけられていても、甲大学では主として農村社会学が、乙大学では理論社会学が、そして丙大学では家庭社会学がそれぞれに教えられている、といったようなことがしばしばだ。社会学部が独立していて、何人も先生がいるというようなところであれば、社会学の諸分野にわたって人材をバランスよく配置しておくこともできようが、ひとりかふたりの先生しかいないところでは、どうしてもかたよりができる。

かたよりがわるい、というのではない。かたよっているのがあたりまえである。しかし乙大学で勉強をはじめた学生が、一年ほどやってみて、どうしても農村社会に興味がむくというようなことは、大いにありうることだ。そんなとき、もっとも健全で、満足のゆく解決法はその学生の興味にこたえてくれることのできる甲大学に転学することだろう。それができれば、この学生の勉学生活は、たのしく、かつみのりゆたかなものでありうるはずである。だから、アメリカの大学では、学生たちは、しばしば大学間を移動する。手つづきも簡単だ。

ところが、日本ではそれができない。いくら不満でも、はいった大学から他に移ることができない。さいきんでは、こうした問題の部分的解決法として、いくつかの大学相互間で一種の相互乗りいれシステムがつくられはじめてはいる。つまり、甲大学の学生が特定の科目について乙大学、丙大学に行って授業をうけ、その取得単位が甲大学で有効とみとめられる、という方法である。しかし、これはまだ局地的だし、しかも、過渡的だ。ほんとうは、学生たちの大学間移動がもっと力づけられてよい。

日本には、そういう習慣がもともとないのだから、アメリカやヨーロッパの大学のような真似をするのはしょせん無理な話だ、という現状合理化の説をなす人もいる。たしかにそうかもしれない。こんにち日本各地に散在する五百あまりの大学と十万人にもおよぶ大学の教職員を説得し、さらに現行の大学制度をかえてゆくことは、至難のわざにみえる。

しかし、わたしなどのみるところでは、日本の哲学のなかには、一種の遍歴思想のようなものがあり、人間というものは、あちこちを移動することによって訓練されるのだという信念も存在していたようでもある。たとえば、ほんとうにそれがひろくおこなわれていたかどうかはべつとして、武者修行というものがあった。すくなくとも、講談や映画の世界では、およそ剣に生きようという若い侍は、どこかの道場で基本を身につけると、旅装束をつけて旅に出る。そして行く先々の村や町で道場を見つけると、頼もう、と声をかけ、そこの先生に稽古をつけてもらうのであった。ときにはとっちめられることもあったろうし、生命の危険を感じることもないではなかったろう。しかし、こんなふうにして、じぶんがそれまで知らなかった土地で知らなかった人物を相手に剣の上達をめざすこと——それが武者修行というものなのであった。

そして、このような武者修行伝説は、われわれにひとつの教訓をあたえる。すなわち、ひとつところでながいあいだウジウジしていてもたいした人間にはなれない、若いうちに、ひろく世間をみていろんな場面にぶつかることが人間の成長にはだいじなことなのだ、という教訓がそれである。とりわけ、ひとつの流儀だけに専念して小さく固まるのでなく、むしろ積極的に他流試合というのをやってみて、そのことによってみずからの限界と可能性を発見すべきだ、というみごとな哲学が武者修行物語にふくまれているのである。

かつての若侍に相当するのは学生である。道場とは大学であり、あるいは研究室である。ひとつの道場で成績がよいからといって慢心してはいけない。若ものたちがのびてゆくためには、よそを遍歴して異質のものから吸収することがのぞましいのである。内がわにひっこんでいたのでは、人間、のびてゆかない。

三

遍歴精神のようなものは、どこの文化にもあった。「ウィルヘルム・マイスター」の物語もそうだし、一般に「成長小説」と呼ばれる小説——たとえば『ジャン・クリストフ』『デヴィッド・カッパーフィールド』——の主題も、若ものが異質なものにぶつかり、小突きまわされて成長してゆくすがたをえがいている。いや、歴史をひもといてみるならば、そもそも大学というもの、いや学問修行というものが若ものの遍歴と関係していたようにわたしにはみえる。

じじつ、西洋での大学の起源というのは、学問に志す若ものたちが、命名のとどろく学者をたずねて教えを乞い、そのお礼に、とみんなでおカネを出しあったのがはじまりだ、という。さいしょから大学があったのではない。勉学心に燃える若い人たちが、先生をえらんで教えを乞うたのである。日本でもそうだ。江戸時代には、日本のあちこちにいる学者たちの名をしたって若ものたちはその門をたたき、教えをうけようとしていたのであった。すべてをきめるのは、学ぼうとする意志のある学生である。そして、ある先生のところで学ぶべきものを学びつくすと、ここでもまた遍歴による修行という方法が待ちうけていた。しかし、そういう意味での学ぶ自由がこんにちの高等教育のなかからはきれいさっぱり消えている。学生が先生をえらんで教えを乞うのでなく、大学のほうが学生をえらんでいる。序列が逆転してしまったのだ。

そして、学生たちも、そういう制度をあたりまえのものとしてうけとるようになった。ついこのあいだまでは、一種の中間的なかたちではあるけれど、受験生のなかには、某々先生の教えをうけたいから、という熱烈な動機によってその先生のいらっしゃる大学を受験する、という人たちがいた。かつて京都大学で西田幾多郎が哲学を講じていたころ、西田門下生になりたい、というそれだけの理由で京大にあつまった学生たちがいた。そこには、先生をえらび、その先生から教えをうけよう、という主体的な姿勢があった。

しかし、そういう姿勢はこんにちの若ものたちのあいだには、もはやない。受験生が

大学をえらぶ原理はその大学が「有名」であるとか、卒業生の就職先がいいとか、そういった漠然とした理由によるものであって、その大学にどんな先生がいて、どんな学問をしているのか、などは、てんでご存知ないのである。いったん入学して、つぎつぎに授業をうけて、そこではじめて先生たちを知る、という次第。だから、みずから師をえらぶ、などという精神はこれっぱかしもないのである。いや、ひょっとすると、もはや大学などというものは、幼稚園なみになってしまっていて、なにを勉強するというアテもなく、なんとなく若ものたちの群れている場所になり下ってしまっているのかもしれない。

それならそれでよい。しかし、もし日本の高等教育というものがこんな程度のものであり、とりたてて目的のない若ものが何年かを恋愛したり、ゲバ棒をふるったりするための場であるとするなら、国際的にみて、日本の将来はたいへん困ったことになるのではないか、とわたしは思う。すくなくとも、はじめにみたように、アメリカでは、そしてヨーロッパでも、また他の多くの国でも、学生は大学をえらび、先生をえらんでそれぞれにじぶんの勉強したいことがらを勉強しているのである。大学の大衆化によって、どこの国でも高等教育には問題があるけれども、こんなふうに、ちゃんと勉強している国と、日本とをくらべたら、つぎの世代の人間たちはぐんと差をつけられてしまうのではあるまいか。

じじつ、「学問の自由」ということばを耳にして久しいのだけれども、現在の日本の制度のなかでは、学問に志す若い人が、じぶんのやりたいことを、好きな場所で、好きなときにやる、という自由がどうやら存在していないようにさえみえるのだ。かれらは、なにかのはずみで入った大学から、はなれることができない。大学というのは、こんなものではなかったはずだ、とわたしは思う。

四

べつなことばでいえば、日本の高等教育には流動性が欠けているのである。小、中学校の段階ならともかく、それぞれになにがしかの専門をもって勉強しようという大学生なら、本来、もっと流動的に諸国行脚の武者修行のようなことを奨励されるのがあたりまえなのに、それがゆるされていないのだ。

そうした流動性の低さは、大学の先生たちの世界にもみられる。まえにもふれたが、いま日本には十万人もの大学教員がいる。もはや、むかしのような大学教授の権威というものはない。しかし、この十万人の大学の先生たちに共通の特徴のひとつは、その職場を動かない、ということである。

また西洋をひきあいに出すのも芸のないはなしだけれども、ヨーロッパやアメリカ、とりわけアメリカの大学の先生たちは、その職場を転々とする。ひとつの大学で数年教えると、つぎに移ってゆく。五年を限度にして他の大学に移ろう、という原則を立ててそれを実行している人物もわたしは知っている。数年まえのアドレスで手紙を出すと、それが転送されて、あたらしいアドレスから返事がくる、などということもしょっちゅうだ。じっさい、アメリカで大学教師仲間が顔をあわせると、何某はどこそこに移った、とか、何某も来年は移るはずだ、とか、共通の友人の大学間移動のニュースがつねに話題になる。

なぜ移るか。ひとつには、とりわけ若い学者たちのばあい、教職というのが一年ごとの契約制で、移動することが常識化している、という事情もあるが、同時に、有能な人物のところにはスカウトの手がつねにのびていて、より好条件のところに移ろう、という気持ちにさせられてしまうという制度的習慣がはたらいているからだ。

甲大学の某先生がすばらしい先生だ、という名声をお持ちであると、乙大学、丙大学から、俸給を二割増にしましょう、とか、研究費をたくさんつけましょう、とかいう条件でさそいがかかってくる。それをうけて、ドライに移ってゆく人もいるし、そういう移動の可能性をチラつかせながら甲大学の当局に交渉して俸給の値上げに成功する人もいる。さそいがかかる、というのはそれだけ能力が買われていることの証拠であり、したがって、大学間を移動することは名誉なことなのだ。だから、かれらは、うごく。流動する。

しかし、日本の大学の先生たちはうごかない。根が生えたようにうごかない。他の職場とおなじく、日本の大学は終身雇用制であり、いったん職を得たら死ぬまでうごかないのが原則なのである。そればかりではない。日本の大学の先生というのは、おおむねその大学の卒業生によって占められているのがふつうである。甲大学に入学した学生が、そのままその大学の大学院にすすみ、おなじ建物に十年間、通学しつづける、という風景ははじめにみたとおりだが、その大学院を修了するとそのまま副手、助手として採用され、さらに十年たつと助教授になり、ひきつづき教授になる、といったふうに、ばあいによっては合計四十年以上、おなじ大学の構内から離れない人が大部分なのだ。学者が世間知らずになり、お天狗になるのは、そうかんがえるとあたりまえなのである。ひとつの道場が、つぎつぎと子飼いの弟子によって相続されていては、あんまりいい結果は出ないだろう。

じっさい、わたしはじぶんの知友のあれこれの顔を思いうかべてみて、おもしろい学者というのは、おしなべて、流動性のある人物であることに気がつく。ひとつの道場で生え抜き、というのもわるくはなかろうが、人間的にも学問的にも、他流試合の経験者のほうに厚みがある。学問というものは、異質のものにぶつかることによって成長するもののようなのである。

学問の世界も教育の世界も、いま、ひろく他の国ぐにとまじわり、「国際化」してゆかなければならない、と多くの人がいう。文部大臣の諮問機関である中央教育審議会も、教育、学術、文化の「国際交流」についての答申を一九七四年の春に出したところだ。わたしもその審議会の委員のひとりであった。まさしく、日本の学問と教育は、もっともっとそとにむけてひらかれたものでなければならず、流動的でなければならぬ。

しかし、世界にむけて流動的であるためには、国内での流動性がまず確立されている必要があろう。全国の大学がそれぞれ他にたいして門戸を閉じ、武者修行を事実上禁止しているような風土では、「国際化」などということばをあんまり不用意に口にしないほうがよい。日本の高等教育の未来は、ほんとうの流動性がもちこまれるかどうかにかかっており、その見とおしは、わたしには、あんまりあかるくないのである。

学校の意味——あとがきにかえて

ひとの人生のなかには、子ども時代をはなれて、おとなの世界に仲間いりする、という決定的な時期がある。未開社会では、いくつもの象徴的な儀式がおこなわれたり、テストがおこなわれたり、あるいは、イレズミを入れたり、歯を染めたり、という身体的な加工がほどこされることもある。

日本には「元服」があったし、その名ごりは、こんにちでも「成人の日」という祝日としてのこっている。そういう特定の祝日や儀式をもたない文化——たとえば現代の西洋の多くの文化——でも、一定の年齢に達することによって、選挙権、その他の法的身分がかわる。こうした、子どもからおとなへの変り目の節のことを一般的に「成年式」という。どんな社会でも、ほとんど普遍的に、「成人式」はみられるのである。

多くの社会では、この「成年式」をきっかけにして、人間は家族、あるいは母親の手をはなれて、べつの社会集団に加入することが慣行となった。日本の村で、ついこのあいだまでおこなわれていた「若者宿」などもその一例である。そういう社会集団に加入することによって、子どもは「社会人」としての第一歩をふみ出す。家庭のなか、という閉ざされた世界のなかでのみ生きるのでなく、村だの、都市だの、あるいは国家だの、といったより大きな社会集団に参加し、その維持と運営のためになんらかの役割をうけもつこと——「社会人」になる、というのは、そういうことだ。

話はいささか唐突にきこえるかもしれぬが、教育史の専門家の説によると、どうやらこうした青年たちの結社が、そもそも「学校」というものの母胎であったらしい。周代につくられた五経のひとつ、『礼記』に、中国の古代の学校についての記述があり、それによると学校とは、青年集会所のごときものの延長線上にあった、というのである。たぶん、この青年集会所の若ものたちは、長老から神話・伝説をはじめ、およそかれらの属する「社会」についてのもろもろの知識をあたえられ、そういう教育をつうじて、かれらはじぶんたちの社会の栄光を知り、その社会のためにはたらくことの意味を発見したのであろう。

ところで、社会のためにはたらく、とひとくちにいうけれども、それぞれの時代の支配者が期待し、かつ養成につとめたのは、すでにできあがった社会を維持する行政官たちであった。まえにのべた周代の中国というのは、古代国家の整備期にあたる。皇帝が、青年集会所のようなものをつうじてかんがえた「学校」は、その古代国家の運営にあたる官吏の養成学校のことであった。ひろい中国大陸のすみずみまで、政治をゆきわたらせるためには、おびただしい数の有能な官吏が必要だ。皇帝は学校を設け、そこで官吏をつくり、卒業生を各地に送って政治体制を強固なものにしようとこころみたのである。学校とは、社会参加のための教育機関なのだが、その基本になっていたのは、その社会を支配する官吏をつくることにあった。周代の制度では、そうした狙いから、各地に大学・小学・塾などがつくられて、いわば学校教育をつうじての全国支配網をびっしりと張りめぐらす計画が立てられていたのである。

すべての点で中国大陸の文明をそのまま輸入していた日本の古代国家は、教育制度についても中国の方法を模倣した。日本でもっとも古い教育制度は「大宝令」のなかにある「学令」である。八世紀の初頭につくられたこの法律によると、まず首都の奈良に大学一校を設置し、学生定員四百名、科目は明経・音・書・算の四つを置く、とさだめられた。そして、地方の諸国には、それぞれに「国学」が一校ずつ設けられ、数十人の学生がそこで学ぶことになった。「国学」とは、しいて現在のことばにおきかえれば短期大学といったところか。

古代国家は、計画のみ壮大で、その計画の実行がともなわないことが多かった。大学・国学という整然たる教育計画も、かならずしも予定どおりに進行したわけではなかったようである。しかし、だいじなことがひとつある。それは、学校というものが、すでにできあがった社会秩序を維持するための官吏をつくる場として設計されていたということ、そしてその伝統が脈々と現代にまでつながってきているということだ。

じっさい、明治五年につくられた日本の近代学制では、まず全国を七大学区にわけ、それぞれの大学区を二五六の中学区にわけ、さらに各中学区に二一〇校の小学校を置く、とさだめられたが、そうした発想のタイプじしんが律令国家的であり、さらに、文部省という中央官庁がその制度を集中的に管理するというのは、あきらかに、学校というものを国家の支配秩序のなかに組みこむ、ということであった。そして、その学校制度のなかで高等教育をうけたえらばれた人びとは、明治政府の高級官僚として続々と登用された。はるかむかし、周代の皇帝の構想した学制が、明治の日本で開花したのである、といってもよい。

その基本線は、「民主化」のすすんだ、ここ三十年ほどの日本でもかわっていない。なるほど、大学は戦後の新学制のもとで数百校にふえた。しかし、人びとのイメージのなかでは、かつての七大学区制が健在である。東大、京大などのいわゆる「旧帝大」が、その実態はいざ知らず、イメージ的には最高学府としてうけとられているし、とりわけ、法学部を卒業して、大蔵省その他の有力な中央官庁に就職する、というのがこれまた、イメージのうえでは日本人にとっての、最高の栄達の道、ということになっている。その事実に目をつぶることはできない。

ということは、とりもなおさず、われわれの多くにとって、学校教育というものの

「目的」が、国家の支配層の一員になることに置かれている、ということである。もちろん、高等教育をうけた日本人のすべてが官界にはいって、高級官僚になりたいと思っているわけではあるまい。官界、政界よりも、むしろ自由度のたかい経済界、実業界ではたらくことをえらぶ若ものもたくさんいる。しかし、実業というのも、じつのところは、国家の支配体制とぴったりむすびついているわけだから、結局のところ、大学を卒業して就職すれば、どこに行っても、いわゆる「体制」がわの一員になる、という公算がたかいのである。

そのことのよしあしをうんぬんしたいのではない。わたしが指摘しておきたいのは、学校というものが、おしなべて、直接、あるいは間接に国家の支配原理とかさなりあって存在しているという事実なのである。その事実は、なかなかうごかしにくい。ひとことでいうなら、学校というものは、おしなべて保守的な性質のものなのだ。

そんなふうに、図式的に言い切ってしまうことは、けっして適切ではないかもしれぬ。しかし、ほうっておけば、学校教育というのは、さっぱりおもしろくないものになる可能性がたかい。いったい、どこから、学校というものに活気があたえられるのであろうか。わたしは、要するに、ひとりひとりの人間の知的好奇心にこそ活力の源泉があるのではないか、と思う。学校から、教育を「あたえられる」とかんがえるのでなく、さめた好奇心によって、教育の機会を刺戟源として「使う」こと――それが、学校の「使い方」であり、教育というもののほんらいの趣旨なのではないのか。

　この本に、「独学のすすめ」という表題をつけたのは、そうした、主体的な立場をつくろうではないか、といったほどの意味である。学校に行くな、とか、行ってもしかたがない、とか、そんなことをいいたいのではない。学校教育は、うけるにこしたことはない。しかし、個人のがわに、主体性がないかぎり、どんな立派な学校に行こうとも、その人間の人生は、あんまり充実したものではありえないだろう、と思う。「独学」とは、主体的に学ぼうとする姿勢のことにほかならないのである。

　この本に収録したエッセイの大部分は、雑誌『ミセス』に「教育考」という通しタイトルで一九七四年に連載したもので、したがって、多少、母親むけ、という表現が多いかもしれないが、お互いの人生のなかで「教育」というものがどんなものでありうるか、をかんがえる手がかりを読みとっていただければさいわいである。

　この本ができあがるについては、文藝春秋出版局の新井信さんのお世話になった。和田誠さんの装丁とイラストにも感謝申しあげる。

一九七五・二・一五

加藤秀俊

あたらしい読者のために——ちくま文庫版へのあとがき

この本は、もともと一九七四年に雑誌『ミセス』に連載したエッセイをとりまとめて翌七五年に文藝春秋から刊行されたものでした。そのいきさつは最終章（「学校の意味」）のなかに書いてあるとおりです。

一九七四年といえばいまからふりかえって三十五年もむかし。いま、この復刻版を手にしてくださっている若い世代のかたがた、つまり入社後十年の働き盛りのサラリーマン、ＯＬ、大学生、そして高校生のみなさんがまだ生まれていらっしゃらない時代のことでした。でも、その当時には、かなり版をかさねてよく読まれた本でしたから、みなさんのご両親、いや、ことによるとご祖父母が、おやまあ、この本なら若いころに読んだことがあるよ、とおっしゃるかもしれません。それほど古い本なのです。みなさんがキョトンとなさるとしても無理はありません。

そんなに古いむかしの本を、なぜいまごろになってまた復刊するんだろう？　という疑問をおもちになったとしてもふしぎではありません。その疑問にお答えすることからはじめましょう。

もちろん、第一の理由は、この本のことをおぼえてくださっていた筑摩書房の編集部から、思いがけずお誘いをいただいたからですが、なによりも、わたしがこの本に特別な愛着をもっているからです。とりわけ、この一冊のなかでしるしたわたしの「教育」についての意見はいまもかわっていません。「学校」なんて要らない、といった極端なことをわたしはこの本のなかでなんべんも書きましたが、いまも事情はおなじだとかんがえています。学校という名の制度や設備がいくらととのっていても、ひとりひとりの人間がなにかを知りたい、という欲求をもっていないかぎり、勉強も学問もできるはずがないからです。

そういう自発的、自主的な勉強のことをわたしは「独学」ということばでよぶことにしました。たとえば昆虫について知りたい、日本の中世の歴史を知りたい、あるいはアフリカの部族について知りたい……それぞれに興味のあることがらを「知りたい」とおもえば、たいていのことはじぶんの努力で知ることができます。いや、その努力が継続すればその領域での「専門家」になることだって不可能ではありません。この本のさいしょの章で紹介したグドールさんなどはそのお手本になる実例です。

この本がさいしょに出版された時代は日本の高等教育のおおきな転換点でした。一九六五年には高校から大学や短大への進学率は二割たらずだったのに、その後わずか四十年間でそれが五割近くにまで急上昇したのです。それだけ日本がゆたかになったからでもありましょう。じっさい、一般家庭のテレビが黒白からカラーに切り替わったのも、自家用車がめずらしくなくなったのも、ジャンボ旅客機が登場して海外旅行ブームがはじまったのもこの時期でした。大阪でひらかれた万国博覧会に人口の半分以上にあたる六千万人以上の観客が殺到したのは一九七〇年のことでした。いわゆる「高度成長期」のはじまりです。

進学率の上昇はこれと無関係ではありませんでした。それまで大学というのは一部の若者たちにゆるされていた「特権」だったのに、かなりおおくの家庭のこどもたちが大学を受験できるようになったのです。大学がそれだけ「大衆化」したのだ、といってもいいでしょう。折しも時代はちょうど「団塊の世代」とよばれる戦後生まれの大量の人口集団が青年期に達していましたから、その世代が大量に高校へ、大学へと押し寄せることになりました。みなさんのご両親の大部分も、この世代にぞくするかたがたであるにちがいありません。

みんなが高等教育をうけられるようになった、というのはたしかに社会の進歩でした。しかし、大学に入学してみたものの、なにをどんなふうに勉強したらいいのか、わからない若者もふえてきました。せっかく入学したのに、途中で挫折して中退する学生もいましたし、逆に学習意欲はあっても進学をあきらめなければならない青年たちもたくさんいました。高等教育の大衆化はあたらしい問題と矛盾をもたらしたのです。そして、その根源にあったのは、なんのための大学なのか、いや、そもそも「教育」とはどういうことなのか、という問いだったのではないか、とわたしはおもっています。

そんな時代のなかでわたしは大学の教師をしていました。大学がどんどん変化してゆくありさまをこの目でみていました。それにくわえて、この時代はベトナム反戦運動や中国の文化大革命の時代でもありました。そうした思想を背景にして学生運動も活発になり、それはやがて「学園紛争」という社会的大事件になって爆発しました。その激動のなかで、わたしはかんがえるところあって、大学を辞職する決心をしました。その事情はわたしのデータベース（http://homepage3.nifty.com/katodb/）のなかに収録した『我が師我が友』という半自叙伝のなかで公開してありますから興味のあるかたは参照してみてください。

しかし、この動乱のなかでも、教室や研究室で学生たちと接触していて、ひとつの発見をしました。それは「やる気」のある学生はほうっておいても自学自習をするし、その気がない学生はいくら指導しようとしてもなにもしない、というごくあたりまえの事実です。そして、教師の役割というのは、結局のところ、「やる気」のある学生をはげまし、手つだうこと——それに尽きる、とわたしはかんがえるようになりました。だいじなのは、それぞれの学生個人がもっている内発的な「独学力」とでもいうべきものなのでしょう。そのことは「意欲の問題」という章に書いたとおりです。

なにごとも自発性にはじまる、というのは、あれから三十五年たったいまでもまちがっていないようにおもいます。あの時代にくらべると大学の数も学生数も倍増しました。でもそのことと反比例して「学習意欲」は下降線をたどっているのではないでしょうか。高校、大学と「教育」の場はどんどん立派になっているのに肝心の学生に主体性がなくなってしまったら、どうにもなりません。だから、いまこうして復刊して、あたらしい世代のみなさんに読んでいただくことにも、いささかの意味があろうか、とわたしはおもいました。

この本が書かれた時代とちがって、みなさんの生きている現在は「独学」のための手段が格段に整備されている社会です。みなさんのご両親の時代には図書館や辞典を利用するのがせいぜいだったのに、いまの世界では古今東西のたいていの情報と知識はインターネットで検索できます。著作権のない古典などは全文をコンピューターの画面で読むことが可能です。外国の大学図書館にだって自由に入ることができます。学生だけではありません。だれでも、いつでも、どこでも勉強することが可能です。たとえば会社の昼休みを利用して『万葉集』の名歌をひとつずつネットで読むこともできますし、原文がわからなければ現代語訳を対照することもできます。なにを勉強するのであっても、その根本にあるのは「やる気」になることです。「やる気」があってはじめて「独学」はその成果をあげるものなのです。「やる気」がなければどうにもなりません。この本がみなさんの心のなかに眠っている「やる気」をいささかなりともよびさまし、はげますものになってお役に立てるなら、著者としてこんなうれしいことはありません。

なお、復刊にあたってはいくつかの用語や用字の訂正以外にはいっさい修正しませんでした。もともとこの本が書かれた時代を想像していただくためにも、そのほうがいい、とおもったからです。さいごになりますが、この書物ができあがるにあたっては筑摩書房編集部の湯原法史さんに企画段階からいろいろお世話になりました。また竹内洋さんにはあたたかい解説を書いていただきました。この場をかりて、厚くお礼申しあげます。

二〇〇九年秋

加藤秀俊

解説　「自身自力の研究」ということ

竹内 洋

わたしの大学入学は、いまから半世紀ほど前の一九六一年である。同年齢男性の四年制大学進学率は、今の五分の一以下の九％程度だった。大学にも大学教授にも権威があった。そんな時代だったから、入学すると、はて大学の講義とはどのようなものかと期待して授業に臨んだ。

教授は教室に入るなり、「承前」（前回の続き）といっただけで、しゃべりだす、そういう講義が結構あった。学生はひたすら、教授がしゃべったことをノートにとる。本書の「読書について」で、著者の学生時代にはこんな講義形態がかなりあったとして、写本＝学問に源を発する講義スタイル「先生がノートを読みあげ、学生がそれをそのまま書きうつす式の授業」（六〇頁）といっている。著者より十二歳年少のわたしの世代は、このような講義スタイルを経験した最後かもしれない。

昔の大学には私語がなかったというが、こんな講義スタイルでは、私語のしようもない。教授の読み上げる言葉に必死においついてノートしなければならないからである。

大学生の私語は、大学の大衆化とともにやってきたといわれたが、案外、筆記学問という写本のような講義スタイルがなくなったことも原因ではあるまいか。

もちろん、現在と同じ講義スタイルをとる授業もあった。それでもレジュメが配布されることなどほとんどなかった。黒板にやたらに外国語を書きなぐって、スペリングを読み取るのに苦労する授業もあった。興味をそそられる授業もあったが、質問したくても教授と学生との間には大きな壁があって、めったに質問などできる雰囲気ではなかった。

だから、いまふりかえると、講義で得たものよりも学内の学生同士の読書サークルによって得たものが多かった。マルクス、エンゲルスの『ドイツ・イデオロギー』や社会学者タルコット・パーソンズの『行為の総合理論をめざして』などは、読書サークルで読んだ。自分の発表になると、関連文献を調べ、友人の質問にただちに答えられるように、かなりの準備をしたものである。議論には負けじと頑張った。このときの仲間の高論愚論はいまでも憶えているし、おおいに役立っている。

読書会をつうじての勉学は、狭い意味での独学ではないが、先生なるものはいないから、独学者の集まりである。広い意味では独学であろう。読書会こそ、わたしにとってのインビジブル・カレッジ（見えない大学）だった。

こうした読書会は、わたしたちに限らず一九七〇年くらいまでのキャンパスにはよくみられたものである。では、こうした読書サークルはいったいどこにオリジンがあるのだろうか……。

戦前の左翼学生たちは、マルクスやレーニンの文献を読書会で読んでいたから、わたしの経験した読書会のルーツはこのあたりかとおもっていたが、さにあらず。そのルーツは相当古い。教師が毎時間授業をおこなうというのは、明治になってから、西欧の学校をモデルにすることによって生じたことである。

幕末から明治はじめの多くの塾では、「講釈」（先生の授業）のほかに、「輪読」（数人が順番に一冊の本を読み、解釈・研究する）や「会読」（生徒が寄りあつまって読書し、解釈・研究する）がかなりの部分をしめていた。福澤諭吉も緒方洪庵の適塾での教育を「輪読」や「会読」を主とした「自身自力の研究」（『福翁自伝』）だった、としている。

本書のいう「独学」や福澤のいう「自身自力の研究」という自己教育は、日本社会の伝統的教育観によっている。これについては教育史学者・中内敏夫による知見が重要である。中内は、「教育」に関連する言葉を、『倭名類聚鈔』（九三四年ころ）などの辞書に遡って調べた。江戸時代以前には教育という言葉はほとんどみあたらない。教育を意味する言葉で発見されるのは、「教」（おしえ）と「学」（まなぶ）である、という。しかし、「教」がのっていることは少なく、その代理として「学」が圧倒的に使われているというのである（『近代日本教育思想史』）。

こうした教育観はいまでも職人の技能の伝達において、技能を教えるよりも「盗む」（学びとる）ものというところに残っている。私塾などでの「自学自習」や「自身自力の研究」の背後には、このような日本人の伝統的教育観が控えていたのである。本書のいう「自己教育」も「やる気」もこうした伝統的教育観にもとづく知恵と通底している。

現在は、若者のほぼ全員が十八歳まで就学し、半分は大学に、さらに大学院、そして就職すれば、研修という学校的教育を受ける学校化社会になった。さらには大学教育を含めて学校教育が格段に親切になった。親切すぎるほどである。しかし親切教育栄えて学習滅ぶということもある。「知識」は増えたが「知恵」が劣っているといわれることも多い。親切な学校教育が過剰になりすぎたからではないだろうか。学校化社会であればこそ、独学という自己教育が大切なのである。その意味で、いまこそ著者のつぎのような指摘を十分嚙み締めるときであろう。

「じっさい、かんがえようによっては、学校というものは、「独学」では勉強することのできない人たちを収容する場所なのだ、といえないこともあるまい。一般的には、学校に行けないから、やむをえず独学で勉強するのだ、というふうにかんがえられているが、わたしのみるところでは、話はしばしば逆なのである。すなわち、独学できっちりと学問のできない人間が、やむをえず、学校に行って教育をうけているのだ。学校は、いわば脱落者救済施設のようなもので、独学で立ってゆけるだけのつよい精神をもっている人間は、ほんとうは学校に行かなくたって、ちゃんとやってゆけるものなのである」（二二三頁）。

さきほど、わたしは、学校化社会といったが、読者のなかには、学校化社会という言葉で、イヴァン・イリイチの『脱学校の社会』という本を思い出す人も多いだろう。子どもは学校に所属し、学校で学び、学校でのみ教えられうるということが近代社会においては疑いのない前提になり、望ましく、善き事とされているが、その前提についてイリイチは大きな疑問を投げかけたのである。教育が学校化されることによって教授されることと学習することを混同し、進級することがそれだけ教育を受けたことにみなされ、卒業証書を取得すれば学力があるとみなされるようになる、という「学校性」の病を。『脱学校の社会』（翻訳）が刊行されたのは一九七七年である。本書の論稿は、そんなブームとしての学校化社会論より数年早く書かれ、しかも平明な文体で独学の重要性を説いている。著者が時代を読むことに先駆けているのは、一九六三年の時点で、ポストモダン社会を予告した「無目標社会の論理」（『中央公論』同年四月号、『比較文化への視角』一九六八年、中央公論社所収）など数多い。加藤流独学の賜物で、身をもって独学の重要性を証明している。

また著者は、使い古された言葉をよみがえらせる言葉の魔術師である。本書にも「あらゆる読書は、著者の経験をうけとる、……読書家とは、経験の大盗人のことである」

（五七頁）など腹にすとんと落ちる名文句がちりばめられている。

最後に、わたしからみた著者の逸話をひとつ書いておきたい。著者はわたしが京都大学大学院教育学研究科の院生だった一九六九年に同学部助教授として赴任してこられた。だから、ここからは著者を先生と呼ぶことを許していただきたい。わたしは、先生の授業に受講登録した。しかし、大学紛争の時代だったから、全共闘学生の校舎占拠や学校側のロックアウトで授業はできない状態だった。ほとんどの教授は、糾弾でもされたらかなわないと学生と会うことはさけていた。だが、先生はちがっていた。

先生は、週一回夕方から特別講義を大学近くで開いた。院生と学部生の受講者がここに集合して、授業兼ゼミがはじめられた。学生は多数集まったが、誰一人先生をつかまえて糾弾などする者はいなかった。場所はわかるはずだが、押しかける集団もなかった。教育者としての先生の気構えが学生を圧倒したからであろう。だから、本書でもなんどかことわっているように、先生は学校教育そのものを否定しているわけではない。学校教育だけにあぐらをかく弊に警鐘を鳴らしているのである。

先生はこの課外授業のあとは、学生と喫茶店にいったり、居酒屋に行ったり、多忙のなかを学生につきあった。残念ながら、わたしは、この課外授業の曜日はアルバイトで、二、三度ほどしか出席できなかった。いまでも残念におもっている。

そんなときにレポートを提出した。そのあと、わたしが教育学部の階段を降りていると、上がってこられる先生に出会った。単位が心配だったわたしは、お辞儀をして、名前をいって、「レポートは受け取っていただけたでしょうか」とたずねた。「職業についてのレポートだったね。おもしろかったよ」といってくださった。

あのときは、先生の講義をほとんど聴かずにレポートを書いてしまったが、今回は一冊を読むという形で先生の講義を堪能して短い感想文をまとめたことになる。はたして先生、そして読者に「まあ、いいでしょう」といっていただけるだろうか。

＊本書は一九七五年四月、文藝春秋から刊行されたものを加筆・訂正した。

ハーメルンの笛吹き男　阿部謹也

「笛吹き男」伝説の裏に隠された謎はなにか？　十三世紀ヨーロッパの小さな村で起きた事件を手がかりに中世における「差別」を解明。（石牟礼道子）

自分のなかに歴史をよむ　阿部謹也

キリスト教に彩られたヨーロッパ中世社会の研究で知られる著者が、その学問的来歴をたどり直すことを通して描く〈歴史学入門〉。（山内進）

逃走論　浅田彰

パラノ人間からスキゾ人間へ、住む文明から逃げる文明への大転換の中で、軽やかに〈知〉と戯れるためのマニュアル。

増補 現代思想のキイ・ワード　今村仁司

80年代のニューアカ、ポストモダン・ブームとは何だったのか？　世界を席巻した現代思想のキイ・ワードが、20年の歳月を経た今、増補版で蘇る。

極太!! 思想家列伝　石川忠司

カフカ、マキアヴェッリから宮崎市定まで。多数の先人たちを論じながら、世の中の「せせこましさ」を根こそぎにする痛快評論集。（保坂和志）

増補 経済学という教養　稲葉振一郎

新古典派からマルクス経済学まで、知っておくべき経済学のエッセンスを分かりやすく解説。本書を読めば筋金入りの素人になれる!?（小野善康）

生きている二・二六　池田俊彦

最年少の将校として参加した著者が記録した、二・二六事件。軍法会議の内幕や獄中生活など、語られてこなかった事実も描く。（中田整一）

ザ・フェミニズム　上野千鶴子　小倉千加子

当代きってのフェミニスト二人が、さまざまなトピックを徹底的に話しあった。今、あなたのフェミニズム観は根本的にくつがえる。（遙洋子）

サヨナラ、学校化社会　上野千鶴子

東大に来て驚いた。現在を未来のための手段とし、偏差値一本で評価を求める若者。ここからどう脱却する？　丁々発止の議論満載。（北田暁大）

大人は愉しい　内田樹　鈴木晶

大学教授がメル友に。他者、映画、教育、家族——批判だけが議論じゃない。「中とって」大人の余裕で生産的に。深くて愉しい交換日記。

世界史の誕生　岡田英弘

世界史はモンゴル帝国と共に始まった。東洋史と西洋史の垣根を超えた世界史を可能にした、中央ユーラシアの草原の民の活動。

日本史の誕生　岡田英弘

「倭国」から「日本国」へ。そこには中国大陸の大きな政治のうねりがあった。日本国の成立過程を東洋史の視点から捉え直す刺激的論考。

倭国の時代　岡田英弘

世界史的視点から「魏志倭人伝」や「日本書紀」の成立事情を解明し、卑弥呼の出現、倭国王家の成立、日本国誕生の謎に迫る意欲作。

天皇の学校　大竹秀一

最高の人材を投じた帝王教育はどのように組織されていたのか。昭和天皇が5人の学友と共に過ごした7年間の歴史をたどる。（新保祐司）

敗戦後論　加藤典洋

「戦後」とは何か？　敗戦国が背負わなければならなかった「ねじれ」を、われわれはどうもちこたえるのか？　ラディカルな議論が文庫で蘇る。（内田樹）

学校って何だろう　苅谷剛彦

「なぜ勉強しなければいけないの？」「校則って必要なの？」等、これまでの常識を問いなおし、学ぶ意味を再び摑むための基本図書。（小山内美江子）

高原好日　加藤周一

夏の軽井沢を精神の故郷として半世紀以上を過ごした著者が、その地での様々な交友を回想し、興の赴くままに記した「随筆」集。（成田龍一）

よいこの君主論　架神恭介／辰巳一世

戦略論の古典的名著、マキャベリの『君主論』が、小学校のクラス制覇を題材に楽しく学べます。学校、職場、国家の覇権争いに最適のマニュアル。

考現学入門　今和次郎　藤森照信編

震災復興後の東京で、都市や風俗への観察・採集からはじまった〈考現学〉。その雑学の楽しさを満載し、新編集でここに再現。（藤森照信）

日本異界絵巻　小松和彦／宮田登／鎌田東二／南伸坊

役小角、安倍晴明、酒呑童子、後醍醐天皇ら、妖怪変化、異界人たちの列伝。魑魅魍魎が跳梁跋扈する闇の世界へようこそ。挿画、異界用語集付き。

増補新版 教育とはなんだ　重松清 編著

学級崩壊、いじめ、引きこもり、学力低下。子供の姿を描き続ける作家が、激動する教育状況を現場のプロに聞く。教育を考えるヒントがいっぱい。

私の宗教入門　島田裕巳

『日本の10大新宗教』の著者が学生時代から始まる宗教との関わりを綴った体験的宗教入門。文庫版にあたりオウム事件以後の十年を増補。

大政翼賛会前後　杉森久英

戦前昭和史の全体主義的な気分を象徴する大政翼賛会とは何だったのか。崩壊に至る過程を体験した著者が、その真実を解き明かす。（粕谷一希）

ことばが劈《ひら》かれるとき　竹内敏晴

ことばとこえとからだと、それは自分と世界との境界線だ。幼時に耳を病んだ著者が、いかにことばを回復し、自分をとり戻したか。

「自分」を生きるための思想入門　竹田青嗣

なぜ「私」は生きづらいのか。「他人」や「社会」をどう考えたらいいのか。誰もがぶつかる問題を平易な言葉で哲学し、よく生きるための〝技術〟を説く。

新・武士道論　俵木浩太郎

孔子に端を発し、松尾芭蕉を育み、明治にあってなお福澤諭吉が讃えた武士道とは何か。その現れを日本史の中にたどり、和魂の再生を考える。

文学部をめぐる病い　高田里惠子

戦中・戦後の独文学者を主な素材に、日本のエリート＝〈二流〉のメンタリティを豊富な引用を使って鮮やかに意地悪に描く。（斎藤美奈子）

春画のからくり　田中優子

春画では、女性の裸だけが描かれることはなく、男女の絡みが描かれる。男女が共に楽しんだであろう性表現に凝らされた趣向とは。図版多数。

天皇百話（上）　鶴見俊輔／中川六平 編

史上最長の在位を記録し、激動の時代の波をくぐりぬけた天皇裕仁の歩みをエピソードで綴るアンソロジーであり、「昭和史」でもある。（鶴見俊輔）

天皇百話（下）　鶴見俊輔／中川六平 編

上巻では、天皇の誕生から昭和二十年八月十五日まで、下巻では戦後の歩みをまとめる。皇族側近から庶民まで、幅広く話を集めた。（中川六平）

思考の整理学　外山滋比古

アイディアを軽やかに離陸させ、思考をのびのびと飛行させる方法を、広い視野とシャープな論理で知られる著者が、明快に提示する。

「読み」の整理学　外山滋比古

読み方には、既知を読むアルファ（おかゆ）読みと、未知を読むベータ（スルメ）読みがある。リーディングの新しい地平を開く目からウロコの一冊。

ライフワークの思想　外山滋比古

自分だけの時間を作ることは一番の精神的肥料になる、前進だけが人生ではない――。時間を生かして、ライフワークの花を咲かせる貴重な提案

心の底をのぞいたら　なだいなだ

つかまえどころのない自分の心。知りたくてたまらない他人の心。謎に満ちた心の中を探検し、無意識の世界へ誘う心の名著。（香山リカ）

こころ医者講座　なだいなだ

こころの病気は薬ではなく心で治せないか？　三分間治療でなくじっくりと話すことで。誰でもなれる「こころ医者」への手引。（湯本香樹実）

日本人を〈半分〉降りる　中島義道

善意の陰には思考停止が潜んでいる。フツーの人々の怠惰な感覚を執拗に抉り、自立した思考を阻む構造を鋭く衝いた異色の日本人論。（呉智英）

たまたま地上にぼくは生まれた　中島義道

ホンネで生きる哲学者がヨーロッパ体験や哲学の意味、日本人論などを通して、人生の理不尽さを生き抜く覚悟について語る。（長谷川三千子）

人生を〈半分〉降りる　中島義道

哲学的に生きるには〈半隠遁〉というスタイルを貫くしかない。「清貧」とは異なるその意味と方法を、自身の体験を素材に解き明かす。（中野翠）

大相撲の経済学　中島隆信

番付は人事。年寄株は年金。――伝統文化の合理性を経済学で読む。昨今の角界不祥事を分析し、解決策を示した「補章」も収録。（舞の海秀平）

野生の哲学　永沢哲

野口整体の創始者、野口晴哉の思想、実践、生涯を、チベット仏教、荘子、フーコー等、東洋西洋の哲学、思想を縦横無尽に操って読み解く。

公安調査庁の深層　野田敬生
インテリジェンス・ブームの裏で、なぜ公安調査庁は迷走しているのか。調査官としての体験やCIAでの研修を紹介しながら、組織強化の可能性を探る。

二十世紀（上）　橋本治
戦争とは？　革命とは？　民族・宗教とは？　私たちにとって二十世紀とは何だったのかを、一年ごとの動きを追いながら、わかりやすく講義する。

二十世紀（下）　橋本治
私たちの今・現在を知る手がかりがいっぱい詰まった画期的な二十世紀論。身近な生活から、大きな歴史の動きまでをダイナミックに見通す。

昭和史探索（全6巻）　半藤一利編著
名著『昭和史』の著者が第一級の史料を厳選、抜粋。時々の情勢や空気を一年ごとに分析し、書き下ろしの解説を付す。《昭和》を深く探る待望のシリーズ。

昭和史探索1　半藤一利編著
「大正」の重い遺産を負いつつ、昭和天皇は即位する。金融恐慌、東方会議（昭和二年）、張作霖爆殺事件（三年）、濱口雄幸内閣の船出（四年）まで。

昭和史探索2　半藤一利編著
ロンドン海軍軍縮条約、統帥権干犯問題、五・一五事件、満州国建国、国際連盟の脱退など、戦争への道すじが顕わになる昭和五年から八年を探索する。

昭和史探索3　半藤一利編著
通称「陸パン」と呼ばれる「陸軍パンフレット」の波紋、天皇機関説問題、そして二・二六事件——昭和九年から十一年は、まさに激動の年月であった。

昭和史探索4　半藤一利編著
「腹切り問答」による広田内閣総辞職、国家総動員法の成立、ノモンハン事件など戦線拡大……。昭和十二年から十四年は、戦時体制の確立期と言えよう。

昭和史探索5　半藤一利編著
天皇の憂慮も空しく三国同盟が締結され、必死の和平工作も功を奏さず、遂に「真珠湾の日」を迎えることとなった。昭和十五—十六年を詳細に追究する。

昭和史探索6　半藤一利編著
運命を分けたミッドウエーの海戦、ガダルカナルの激闘、レイテ島、沖縄戦……戦闘記録を中心に太平洋戦争の実態を探索するシリーズ完結篇。

昭和史残日録　1926―45　半藤一利

昭和天皇即位から敗戦まで……激動の歴史の中で飛び出した名言・珍言。その背景のエピソードと記憶すべき日付を集大成した日めくり昭和史。

昭和史残日録　戦後篇　半藤一利

昭和史の記憶に残すべき日々を記録した好評のシリーズ、戦後篇。天皇のマッカーサー訪問からベトナム戦争終結までを詳細に追う。

世界がわかる宗教社会学入門　橋爪大三郎

宗教なんてうさんくさい!?　でも宗教は文化や価値観の骨格であり、それゆえ紛争のタネにもなる。世界宗教のエッセンスがわかる充実の入門書。

防衛黒書　林信吾

自衛隊は依然として国制上の矛盾である。法律・兵器・政治の相互関係を軸に、憲法制定から近年の調達疑惑まで、日本の国防問題の全貌を解き明かす。

私の幸福論　福田恆存

この世は不平等だ。何と言おうと！　しかしあなたは幸福にならなければ……。平易な言葉で生きることの意味を説く刺激的な書。（中野翠）

公立校の逆襲　藤原和博

「よのなか科」を提唱し、民間出身の中学校長として学校改革に取り組んできた著者が、見て、考え、実践した、現場からの中間報告。

誰が学校を変えるのか　藤原和博

学校を核に地域社会を再生し、子供たちの学びを豊かにする！　「よのなか」科、土曜寺子屋、そして「夜スペ」を実現した著者の提言。（苅谷剛彦）

世界でいちばん受けたい授業　藤原和博

著者が提唱することで一躍全国的な話題になり、見学者が続々と訪れた、「よのなか」科の授業の貴重な記録が一冊に。（長尾彰夫）

第二次大戦とは何だったのか　福田和也

第二次大戦は数名の指導者の決断によって進められた。グローバリズムによって世界の凝集と拡散が進む今日、歴史の教訓を描き出す。（斎藤健）

軍事学入門　別宮暖朗

「開戦法規」や「戦争（作戦）計画」、「動員とは何か」、「勝敗の決まり方」など〝軍事の常識〟を史実に沿って解き明かす。（住川碧）

ちくま文庫

独学《どくがく》のすすめ

二〇〇九年十一月十日　第一刷発行

著　者　加藤秀俊（かとう・ひでとし）

発行者　菊池明郎
発行所　株式会社　筑摩書房
東京都台東区蔵前二―五―三　〒一一一―八七五五
振替〇〇一六〇―八―四一二三
装幀者　安野光雅
印刷所　星野精版印刷株式会社
製本所　株式会社鈴木製本所

乱丁・落丁本の場合は、左記宛に御送付下さい。
送料小社負担でお取り替えいたします。
ご注文・お問い合わせも左記へお願いします。
筑摩書房サービスセンター
埼玉県さいたま市北区櫛引町二―六〇四　〒三三一―八五〇七
電話番号　〇四八―六五一―〇〇五三

ISBN978-4-480-42658-1 C0137